璟舒团队 2020 年初团建留影

信仰是什么？信仰就是一个人先坚信了，然后越来越多的人一起坚信。

2020 年，我们邀请著名话剧演员、田汉表演奖获得者胡洋老师来为璟舒教育 MCN 专家孵化项目学员讲课，帮助老师们走出舒适圈，更好地做事

成就他人、成就客户、成就自我，是璟舒教育的理念。我们坚持陪伴每位学员成长。

————————

在 2020 年的年会上我谈到了未来——市场只会变得更加挑剔，适者生存。
早幼教机构的企业文化搭建、商业模式市场化、制度与流程体系化以及团队专业化、职业化都成为迫在眉睫的工作。

————————

合伙人就像情侣，蜜月期无比甜蜜，但生活中的柴米油盐却磨砺着曾有的激情。

企业文化不是写在墙上，而是刻在团队每个人的灵魂深处，执行的时候会直接浮现。对于璟舒团队，哪里都是办公室，哪里都可以开展工作，追求极致就是我们的企业文化。

很多投资人并没有忙到点上，其实作为投资人做好两件事就好了：第一围着人转，培养团队；第二围着钱转，实现可持续盈利。

优秀的投资人有几个永远绕不开的工作：一壶好茶解决员工焦虑，一台电脑总结数据，一支好笔描绘未来蓝图。

2020年璟舒年会，刘岩老师将"飚"（同"飙"）字挂于身上，用以打趣及告诫团队不要懈怠

古有"棒喝"之法，现有发飙之术。

"飙"绝不是情绪的发泄，而是一针见血地指出问题，简单、直接处理问题的方式，以及日常积累的威信，让你能够有效发"飙"！

业绩不是许愿池，每一块钱都是靠每一笔单、每一次活动和每一个客户得来的。作为投资人，能做的就是与团队一起并肩作战。

梦想是什么？就是创始人坚信；团队一起努力，一起拼搏，一起收获，一起奋战。
璟舒教育从两个人确认眼神，到四个人的志趣相投，到五个人的日常互怼，到 N 个人的能量加持。一路下来，我们因梦想走到一起。

无论是管人还是管事，都离不开沟通与同理心。

如何帮助员工成长？

我的经验有以下几点：设定目标、给予方法、不怕犯错、坚持复盘。

给予团队每个人足够多的能量和利益，我们收获的将远比付出得多。

璟舒教育的老师，努力辅导每家机构使其管理方式走向制度化、流程化，让早幼教行业更加专业化与职业化。

提示、邀请、谈话、界线、极限，十分实用的五大高效管理法则，深入工作的每个环节。

刘岩老师收到的"意外又不太意外"的小礼物

教育是需要用心的事业，对孩子用心，对家长用心，对接触到的一切人和物用心，表里如一。

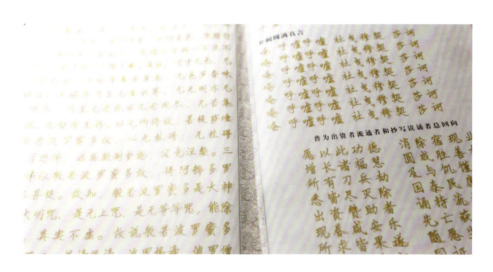

教育是一种修行，成长是一种陪伴。

这条路，不管有多少苦、多少难、多少泪水，都有我们相伴！

很多投资人都在思考早幼教行业的专业是什么？专业不只是体现在专业书籍，你运营得够专业吗？你包装得够专业吗？你培训得够专业吗？一个立体化的专业机构应该在各方面都要做得足够专业。

流程制定好，思维把控好，情绪控制好，守住底线，投资人只做投资人该做的事，不该忙的事要懂得示弱，多喝茶，心平气和。

我是从早教教师开始的，至今陶醉于与孩子们玩在一起的每一节课。

销售之道让自己的心如水般清净与透彻，太急于销售不如用心倾听。

璟舒教育的专家董老师在指导如何通过提问获取有效信息；骆老师在指导如何通过提问调动现场气氛。

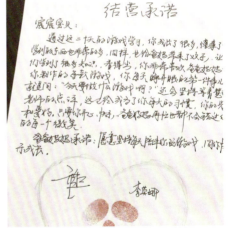

教育是需要用心的事业，家长是不是忠实粉丝，取决于我们的用心程度。

内容是王者，是制胜关键。

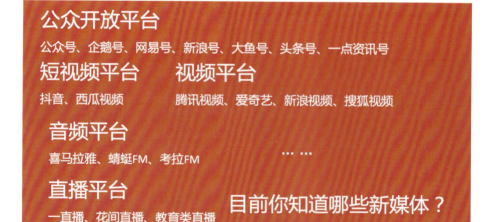

平台是入口、媒介，也是传播载体，合理利用平台就能为自己的品宣找到出路。

给予家长更高的期待，给予家长更好的价值，给予家长更贴心的服务，教育本就是一个需要用心服务的行业。

教师的身份是什么，是见证者、陪伴者，还是一起成长者？我想每个聪明的老师一定有着属于自己的答案。

这是一位与我有着同样教育执念的姐姐，每次看到她的来信，我都会泪流满面。她带着机构的每位老师、每位家长坚定地走在教育修行之路上。在她的身上，我看到了灯塔般的光，看到了无穷无尽的力量！

最好的服务一定是用心的服务，而且是团队每个人都用心的服务。这样的机构才能让家长感觉到温暖，而不是昂贵。

为了让早幼教机构更多的投资人、管理者走向职业化、专业化，今年的 MCN 孵化正式启动。从自己开始，从礼仪、声音、形体、表演、知识等多层面开创更加专业的教育未来。

璟舒教育的每场培训都是凝聚着力量与爱，也为每个团队指引着努力的方向。在这一次次的能量积累中，能否找到自己的身影？

刘岩老师 邀请您一起收听

刘岩老师最新EP——
阳光总在风雨后特制版

扫码查看此课程

来自「璟舒教育线上平台」

教育是一种修行，成长是一种陪伴。最后，我们用刘岩老师演唱的一首歌曲结束这一段的旅程。

逆势成长

早幼教小微企业运营管理之道

璟舒教育 刘岩◎著

北京日报出版社

图书在版编目（CIP）数据

逆势成长：早幼教小微企业运营管理之道 / 璟舒教
育，刘岩著. -- 北京 ：北京日报出版社，2021.5
ISBN 978-7-5477-3930-3

Ⅰ. ①逆… Ⅱ. ①璟… ②刘… Ⅲ. ①学前教育－民
办学校－中小企业－运营管理－研究－中国 Ⅳ.
①G619.2

中国版本图书馆CIP数据核字(2021)第007977号

逆势成长：早幼教小微企业运营管理之道

出版发行：北京日报出版社

地　　址：北京市东城区东单三条8-16号东方广场东配楼四层

邮　　编：100005

电　　话：发行部： （010）65255876
　　　　　　总编室： （010）65252135

印　　刷：天津创先河普业印刷有限公司

经　　销：各地新华书店

版　　次：2021年5月第1版
　　　　　　2021年5月第1次印刷

开　　本：710毫米×930毫米　1/16

印　　张：18

字　　数：267千字

定　　价：68.00元

初识刘岩老师，她是以孩子家长的身份出现在我面前的，她热情
而谦虚，听过我的讲座后，我们又在一起深入交流了几次。后来我才
知道她其实是一位了不起的早幼教经营管理咨询专家，她带领着一支
精干的团队，为中国的教育事业奔波忙碌。

随着我和刘岩老师以及她的团队深入地合作，我发现刘岩老师身
上兼备了实干和情怀、理性和感性、愿景和执行，每次和她的团队成
员们在一起，我都能感受到这群眼里有光，心里有爱，脚下有风的创
业者们的热情和积极。

一个投资人，无论是在哪个行业，都需要具备清明的心智来洞察
自己和他人，更需要有持续学习的习惯，再加上与人共情的能力，如
果还有正确的战略愿景目标的指引，那么想不成功都难，这几个重要
的维度，刘岩老师在她十几年的摸爬滚打中，都一一体证了，她把这
些体证浓缩到了她的书中。

我一口气读完了刘岩老师的书稿，着实赞叹她的勇气，发现她把
多年的经营咨询和实战经验都毫无保留地写进了书里，用她擅长的接
地气的语言和实战案例，让教育尤其是早幼教的创业者们规避创业前

和创业中的各类风险，让有情怀的投资者可以有利润，从投资人的思维方式到企业文化，从基础的企业经营到实战的成交销售，就算是一个小白，也能用这本操作手册来给自己做一次系统培训。我在她的书里感受到她对早幼教行业投资管理者的深深同理和共情，字里行间更是流露出她对中国家庭教育的承担和对孩子们成长教育环境的担当。

正如刘岩老师在书中提到："方向是决定生死存亡的大问题，方法是关乎具体细节的小问题。方向错误，用再好的方法都会像把石子丢入到大海般，溅不起丝毫浪花；方向正确，实施正确的方法，持之以恒，定会呈现出好的效果。"

无论是人生的方向还是事业的方向，有高人指路，可以节约很多时间和成本，更可以减少掉进坑里的风险，希望早幼教行业的投资者和经营者们可以用好这本书，成为一名真正的教育人，在教育中成事成人，在创业中持续成长！

——张玮桐

非暴力沟通实践认证专家、同理心教练导师

北京大学、清华大学、浙江大学、上海交大、西南财大 EMBA 教授

领导者心智模式改善专家

20 年聚焦领导者知人心懂人性的正念领导力实践者

NVC 践行者与传播者

半生风雨 一双儿女

传奇人生 活得畅快

2017 年对我来说是人生的转折点。

这一年，我生了一场大病，一直忙忙碌碌的我被按了暂停键。终于慢下来、停下来，思考、反思、品悟这十多年的教育修行与成长之路。手术后休养了三个月，我又去寺庙闭关了一周，似乎冥冥中涌出了一股莫名的力量——但行前路，无问西东。

很多时候不经意走过的路，无心积累的一点一滴，都会在某一时刻绽放。我在初学《周易》时给自己取名"璟舒"，号"七舍"，还一时灵感大发，给这个名字作了一首打油诗：

翠石璟透开，

红棉舒飞来。

人有七色欲，

佛无舍莲台。

也许从这首打油诗开始，璟舒教育初心的种子就埋下了。

我们常说人生三问是"我是谁""我从哪里来""我到哪里去"，这些可能是我们要花一辈子去想明白的问题，有的人可能一辈子也想不明白。人来到世上一定是有使命的，定不会在世间白走一回。纵然一生浮浮沉沉，有顺境、有逆境，但想明白自己是谁才能义无反顾。作为外行人，从懵懵懂懂地闯入教育行业开始，我就坚信这绝非偶然，一定有某种力量在牵引。某日我在红螺寺游玩，在半山腰的观音寺叩拜送子观音时，心中豁然明朗。

孩子不仅是一个小家的希望，更是一个国家的未来。近几年经济发展飞速，教育应该是同速发展。可意外的是，十年前我刚跨入早幼教行业时，0-6岁的问题孩子还不算多，而如今无论是自闭症、感统失调、发育迟缓、语言落后、多动失控、情绪障碍等孩子发育方面，还是产后抑郁、亲子关系紧张、家长教育过度焦虑等家庭教养与沟通方面，都成了无法忽视的社会焦点问题。尤其是近几年，我接触到的孩子当中，问题孩子比例高达30%。每看到因为家庭教养、家长的忽视和无知导致孩子出现各种问题时，我就心如刀割，这也坚定了我的信念——引导新时代的家长以正确、科学的方式养育孩子，既给予他们自由，又不无原则溺爱。

每当看到孩子，我就会在心中默念："让孩子更好地成长就是我的使命，就是璟舒的使命。""我是谁"，我是为了孩子们而来，为了教育而修行，更是为了陪伴所有的家长一同成长。

璟舒初心——教育是一种修行，成长是一种陪伴。

从直接面对孩子与家长的教育工作者，逐渐到培训、辅导早幼教行业更多的师资从业人员，这些沉淀都是修行与成长的基石，也让我越来越清晰地知道这个行业所有从业人员的使命。

作为教育行业的从业者，无论你有没有想明白人生三问，在开始读这本书之前，我都希望你先梳理一下自己的工作三问：你想做什么、你能做什么、你该做什么。

很多创业团队都存在这样的情况：想的时候激情澎湃，做的时候却不能把想法落地，导致好的创意、项目、机会都折在了无法执行上。

"能做"和"应该做"的缺失让"想做"成了空谈。不仅仅是创业者，哪怕是一个脚踏实地、稳步求发展的员工，把工作三问想明白、做下去，才能真正实现一步一个脚印，稳步攀升，收获成功。

作为企业管理者，带领团队成员成长的一个重要功课就是引导大家弄清楚工作三问，坦诚相待、真诚沟通，帮助团队成员客观认知自己。引导大家协调好"想做""能做""应该做"三者之间的关系，这也是帮助团队成员成长的途径和方法。

第一问：你该做什么？

人往往容易陷入能力陷阱，更容易陷入兴趣陷阱。我们往往会选择自己喜欢的事情去做，而不去考虑真正重要的事情是什么、真正应该做的事情是什么。检验是否应该做，可以参考下面的内容进行思考。

是否与公司发展方向匹配。是否对公司业绩增长有帮助。

是否是岗位职责要求的工作内容。

是否对提升服务质量和客户满意度有帮助。是否是团队成员需要协同的工作。

是否是对公司整体发展有好处的计划和想法。是否是领导安排的执行工作。

是否可以比分内工作更多一点。

判断应该做什么，不能仅仅从个人喜好出发，更不能简单从个人利益出发，而是需要考虑机构整体的发展与需要。当遇到不喜欢或者不愿意做的事情时，先问问自己这是不是应该做的事情。只要是应该做的，就应该放下喜好，踏实执行，使其成为既让自己成长，又对机构发展有利的契机。

第二问：你能做什么？

人有时会迷茫而不自知，过高或过低估计自己的工作能力。能够客观、准确地认知自己能做什么，是职业定位中很重要的一环。要想知道自己能做什么，一定要从具体的工作出发，去考虑和梳理细节与内容，而不能以框架与毫无根据的感觉为出发点，否则容易导致自己对自身工作能力时而自信、时而自卑。

首先，基于自己的本职工作，不断沉淀、深耕、创新、改善，提升工作能力，提高工作效率，让自己的工作成果更加清晰地展现出来。其次，总结本职工作经验：发现工作中的问题，接纳自己的弱点；通过复盘工作流程，改善工作细节，解决遇到的问题；通过不断学习，提高思考和工作能力，为企业创造更大的价值。最后，还有一点很重要，我们要主动承担对机构发展有益的工作内容，提出对机构发展有益的建议和意见。

无论你是员工、管理者还是投资人，不仅要按照上述方法梳理你能做什么，还要在工作中勇于承认错误，勇于承担责任，勇于接受挑战，勇于走出舒适圈；更加真实地面对自己，更加谦卑地看待自己；持续学习，听取别人的意见，让自己更快成长，助力机构更好地发展。

第三问：你想做什么？

思考这个问题时，要先区分白日梦、梦想和目标。白日梦是虚幻的意境，梦想是我们努力的方向，目标则是把"想做什么"进行分析、分解，并落实到可实现、可执行的行动步骤。

作为投资人或管理者，要弄清楚自己想做什么，想成为什么样的人，想取得什么样的成果，想达到什么样的目标，想实现什么样的梦想，这些都是人生规划与职业规划的重要内容。如果管理者自己都不知道想做什么，那么整个团队必定会陷入迷茫与混乱的状态，大家都没有安全感，更无法获得认同感与成就感，这必将造成人员流动率高、留不住人的局面。

清晰自己的职业规划后，也要协助团队成员做好他们的职业规划。之后将想做的事细化为目标，并分解为执行计划，细化到每日的工作清单中。最终将"想"落实到"做"的层面。

本书写给所有的早幼教从业人员。当你们看到这里时，请先接受我十二万分的敬意与感谢！

谢谢你们为教育义无反顾的坚持，

哪怕是跌跌撞撞却依然砥砺前行。

谢谢你们为孩子们付出的一切，

哪怕是压力万分却依然咬牙坚持。

谢谢你们为千万家庭的幸福不断努力，

哪怕是全年无休也毫无怨言。

谢谢你们的无所畏惧、不忘初心，

在教育之路上学习、拼搏、成长与修行。

这条路上有汗水、泪水、委屈、焦虑、孤独，

甚至是失落、迷茫、绝望……

或许你经历着不被所有人理解的痛苦，

或许你经历着无人能懂的孤独，

或许你经历着黑暗无望的感受，

或许你经历着教育之路的无数磨难，

当你翻开这本书的时候，

期待你看到一道光，

照亮、温暖你内心的一道光，

希望这道光陪伴你走过一道道难关，

修行自我，成就未来。

致亲爱的每一位有缘读到本书的人，谢谢你们，我爱你们！教育这条路并不孤单，有我，有璟舒教育，有千千万万的教育工作者在结伴同行。让我们一起，在教育这条修行之路上，修行、蜕变，收获成长、重生。

期待这盏灯，给你一点点方向、一点点收获、一点点温暖、一点点力量，给你继续执拗的勇气与智慧。

（ 上 篇 ）
投资运营管理

第一章
搞懂自己，就从坑里爬出来了

第二章

会思考比瞎忙活更重要

第三章

人性管理与制度博弈

下篇

产品营销服务

第四章

你可以不做，但不能不懂

第五章

你不可不知的客户心理

第六章

走心的服务大于一切

上 篇

投资运营管理

PART ONE

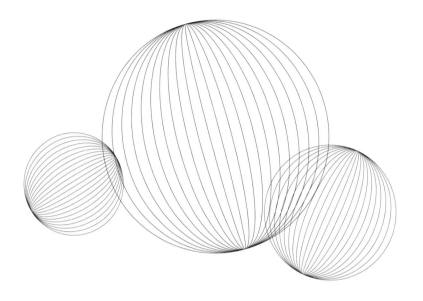

搞懂自己，就从坑里爬出来了

第一章

1

你是如何"栽"进来的？

还记得那是一个炎炎夏日的午后，三个闺密一起喝下午茶，吐槽着现在的工作无聊、没价值、没前途，而后一拍即合，决定一起创业。跟无数年轻人一样，她们心中充满了激情，似乎看到了满地都是黄金的赚钱机会。一位刚晋级为妈妈的闺密灵机一动，提出："开一家早教中心吧！据说这个行业的钱很好赚。经营教育机构，既能让自己的孩子在这里受教育，又能赚到钱，一举两得。而且看起来一点都不难，装修得漂亮些，招聘几个亲和力好的小姑娘，唱唱歌、跳跳舞，钱就'哗啦哗啦'掉下来了。"三个闺密想得眉开眼笑，似乎财富与成功近在咫尺，错过了就会终身遗憾。

事不宜迟，决定了就要赶紧执行。一场聚会促成了一场创业马拉松——选址、租房子、装修，考虑加盟品牌，购买课程、教具……而处于兴奋与激动状态下的创业者，大多都听不进去一般的建议，仿佛谁拦着，就是在阻碍自己的发财之路一样。

屏蔽了一切阻拦者的建议，带着兴奋、懵懂、无知，她们就踏上了一条被称为"教育"的经商之路。用"冲动是魔鬼"这句话来形容多数人"栽"进来的方式应该是再恰当不过了。爱的梦想和财富的召唤，似乎使得每个"栽"进来的人都在自己忽悠自己坚持这样一份初心：这是个既拥有大爱又能赚钱的事业。

当到处碰壁，甚至碰得头破血流的时候，她们才发现不是在"挖金矿"，而是遇到了不折不扣的"坑"。原以为装修好了，设备准备全了，就会门庭若市，财源滚滚；而真相却是，这个行业的门道实在太深了。从招聘开始就发现困难重重，无论是授课老师，还是销售顾问都是高不成低不就，聘人难，聘来专业的人更难，聘来适合的人就是难上加难。招聘来的员工，学习嫌累、工作嫌多、服务嫌烦、工资嫌少，弄得几个老板还得整天看员工脸色。尽管哄着、捧着、供着，不少人还是会撂挑子走人，而且一点儿也不犹豫。无论你曾经给过她多少好处，她走的时候你少给一分钱，她还是会把你骂得跟周扒皮似的。好不容易聘来一个"好苗子"，你用心培养，最后却是她要么去公立园求安稳，要么生孩子当全职妈妈，要么跳槽去了其他地方……总之，一人难求，是我们早教行业的最大困难。

创业者很无奈，各种压力活生生把无数个行外人逼成了老师、课程顾问、市场营销、行政人员、财务甚至保洁人员的综合性人才。更有甚者，连电脑、打印机、灯泡、水龙头、窗户等修理技能都要掌握到位。没培养出好员工，愣把自己修炼成了无所不能的全能人才。

日子一天天过去，受了累也就算了，赚到钱了吗？

我想每个人都有自己的答案。有人说没有，有人说不知道，有人说赚了一点，有人说赔得"底儿掉"了，自然也有人说赚到盆满钵满。你是哪类呢？再问问自己，创办教育机构可以赚到钱吗？

我想更是仁者见仁、智者见智。有人说当然可以赚钱，有人说赚钱太难了，有人说能赚钱但赚不多，有人干脆说这个行业没钱赚。

其实大多商业都适用于二八定律，也就是说在一个行业中，赚钱的永远是20%的人，而另外80%的人或在苦苦挣扎中赚取微利，或在赔钱。不仅早幼教行业如此，餐饮、健身、娱乐、商贸等几乎所有的行业都在这样的规律中循环着。我们更要认清一个真相——这一行业的本质不是教育行业，而是服务行业。还要想明白，我们其实是在做生意，本质上还是商人，贩卖的是教育类的产品和服务。悟透了这一点，我们就离"爬出坑"近了一些。

将这一行业称之为商业，并非在否认教育的专业性。专业性是标配，就像电脑里的CPU、显卡、内存等配置，哪样性能不够，都会影响整体的运行效果。不断地学习、实践与提升专业能力，是经营中非常重要的环节，没有之一。就像是广告打得再好，包装得再豪华，若卖的电脑根本开不了机，那么一切都将归零。我们若讲不出来有价值的内容，就很难让家长对课程和服务产生信赖感，也无法帮助家长与孩子解决问题，销售就更难实现了。当你走上这条创业道路的时候，便会知道经营早教机构不是唱唱歌、跳跳舞这么简单。家长越来越懂行，怀孕后就开始看各种各样的育儿书，相关的知识储备并不比老师少。而竞争却是越来越白热化，冲动的人非常多，连一个县级城市都能一下子如雨后春笋般冒出几家早教中心、托育机构、幼儿园，让人觉得不开个教育培训机构就会错过大好的经济形势一样。人人冲动创业，使得市场竞争更加激烈。

是一时冲动也好，是为了实现梦想也罢，既然已经"栽"进来了，就要"求取真经"，哪怕要经历各种磨难，也要拼命让自己跑进行业那20%的行列中。不管赚钱是否源于你的初心，它都是你将事业与梦想进行到底的能量与动力。

我不想把这本书写成"心灵鸡汤"，因为不管什么鸡汤，喝多了都会引起"消化不良"，我希望这本书能够成为大家的枕边书，在创业路上陪伴大家成长。你经历的每一道坎，每一个难关，都是涅槃重生的转机和机遇。这些难关，每个教育人可能都躲不过，而怎么修、怎么炼、怎么渡过这些难，是我们创业者必须要面对与解决的。无论你目前在渡哪个难，翻开这本书，让我们一起开启教育的修行之道吧！

反思与作业：

1. 你是为何选择这份教育事业的呢？

2. 你目前面临的最大的难题是什么呢？请列举出最重要的三个。希望读完此书，你可以找出解决问题的方案。

2

原来真实与想象差别这么大

在做早教、幼教、教培等行业培训与咨询管理的这十几年中，我和投资人聊天时听到最多的就是"这跟我当初想的完全不一样啊"。是的，当你一不小心踏入这个所谓的"坑"，就会逐渐认识到：想象出来的样子与真实运营情况相比有天壤之别。你想象自己是个普度众生的教育者，而残酷的现实是下个月的房租与员工工资还没有着落；你想象开业后会门庭若市，而骨感的现实是凑热闹的人一大堆，真正下订单的用户少得可怜；你想象家长舍得为孩子花钱，行业的未来前程似锦，而可怕的现实是你依然逃脱不了赔钱还难以脱身的命运；你以为加盟个品牌、聘个园长就万事大吉，而反转的现实是你活生生把自己变成了 7×24 小时的"最佳员工"；你原本以为这个行业就像开个便利店般容易，而得到的教训是麻雀虽小却五脏俱全，专业、服务、用心缺一不可。

你憧憬着美好的未来，但当你真正踏入这个行业后，会迅速被一盆冷水泼醒。而清醒越早的人，会越快找到"起死回生"的秘诀。当你看到这里的时候，我会告诉你：醒醒吧！不管你是真不清醒还是在装睡，想要在这个行业中更好地生存下去，就要冷静、理智地了解教育行业的真相。

真相一：如果你不爱，请远离

教育行业一直以来都是一个单纯、本分的传统行业。与金融、房地产、互联网不同，这不是一个暴利行业。作为教育行业的创业者，必须一步一个脚印地走出一条修行之路。就像西天取经般，我们无法一下子取得真经，只能一点点积累与沉淀。

近几年中国的经济发展迅速，各种挣快钱的方式层出不穷，一夜暴富的故事也屡见不鲜。娱乐、游戏、房地产、金融、新媒体、区块链、微商版块中有太多点石成金、快速敛财的案例，越来越多的心躁动起来。随着更多逐利资本进入，教育行业被越来越多的人看好，认为这必将是下一轮的投资风口。

一些不明真相的人逐渐忘却了教育的本质，忘记了教育行业的真相是沉淀、爱、专业与服务。作为教育者，要陪伴一个个孩子成长，与一个个家长进行沟通，积累一个个案例，教授一堂堂课。若一头栽进那些花哨、不切实际的故事中，总想不劳而获、坐享其成，创业的结果终会以惨淡收场。

教育行业最大的真相是，它需要你用热爱与信仰去一点点积累、一点点沉淀、一步步修行。因此，如果你并不热爱教育，只想逐利，那请远离。

真相二：只有爱，没有钱，也是死路一条

教育行业的从业者往往有着思想上不可调和的两极分化状况。他们认为只要有爱、喜欢孩子、热爱教育事业，就不该谈钱，甚至认为有爱的教育者谈钱和逐利是一种难以启齿的罪恶。许多从业者陷入能力陷阱中，只钻研自己擅长课程，却忽略了营销与管理也是教育机构立足的根本。

谈钱不丢人，谈钱也不伤感情，只是通过提供高品质的产品和服务后应该获得的"对价"[1]。就跟维护婚姻一样，要想让一家企业良性运转，仅仅有爱是不够，还要有"面包"。

如果你真的爱教育、爱这份事业，就请把业绩作为重要的指标。很多投资人只关注商业模式，认为业绩是销售顾问和销售经理的职责。

我在此给大家提个醒，既然你选择了投资创业，那就请做创业者应该干的事，让自己企业的业绩负起责任来。教育信仰和企业盈利并不矛盾，因为只有企业可持续盈利才能支撑你的教育梦想。

真相三：甩手掌柜当不得

相信不少投资人都踩过这个"坑"，都会领悟"甩手掌柜当不得"这一惨痛教训。当你幻想找个出色的店长时，却发现永远找不到想要的人选。当我们怒气冲天，怨天尤人的时候，是否反思过自己呢？要知道，创业初期我们没资格当"甩手掌柜"的。

无论是大公司，还是小团队，都面临一样的问题，那就是我们面对的是一波自我意识超强的新时代员工，他们不仅仅为了钱，更为了激情

和乐趣而工作。如果我们不能展现出自己的专业和激情，就无法取得新一代员工的信任与追随。

一个不得不让自己警醒的真相是：作为投资人，你必须让自己成为发动机，发现人才、培养人才，亲自带着团队打天下。老板自己都不用心，又如何让别人全力以赴呢？

真相四、真相五、真相六……跟着我一起去挖掘更多的真相吧，愿你读完本书时，能够取得"真经"，成为一个成熟的教育者与企业家！

反思与作业：

1. 列出自己经营教育机构的短板和卡点。

2. 回忆从事教育行业后最戳心窝的一个事件，尝试记录下来，并反思这个事件让你明白了什么真相。

3

越"栽"越爱的无底洞

对现在这个时期来讲，用"无底洞"来形容最恰当不过了。当坐在家中奋笔疾书地讲述教育这条涅槃之路时，我看着窗外刺眼的阳光，心底却是冰冷的。在春暖花开、万象更新、生机勃勃的招生旺季，无数教育培训机构却被新冠病毒这个始料未及的世界级妖魔打得一蹶不振、寸步难行。扛着必须发工资的压力，交着免不掉的房租，求着要退费的家长，学着从未接触过的线上运营，还要笑着期待未知的复课日早日到来。跨不过去、撑不下来，但也关不了门，更不想跑路断了自己的教育之路。而理智的教育行业创业者发现，即便没有疫情，自己似乎也踏入了一个无底洞。可奇怪的是，教育这个行业好像有着巨大的魔力，越学习、越深入参与，就越爱、越离不开。哪怕知道这个行业是个无底洞，也任由自己深陷其中不可自拔。让自己越"栽"越爱的，正是一份油然而生的使命感。当我们用绵薄之力帮助孩子成长、帮助家长改变的时候，收获到的是快乐与幸福。

曾经在深夜接过一个早教机构投资人的电话，其情形让我记忆犹新。接通电话时，手机的另一端已经泣不成声，深呼吸了很多次才开始诉说。

那是一个对教育执着、执拗，甚至偏执的教育者。她从事的第一份工作是幼儿园老师，一直踏踏实实、勤勤恳恳工作。经过二十多年的积累，她用多年的积蓄盘下了一家早教中心，全身心地投入其中，研发课程、组织培训、策划活动……可是，回报却少得可怜，账面资金也越来越少。不幸的是，她的身体也出了问题，经常感到深入骨髓的痛。沮丧的时候，甚至有过自杀的念头……电话这头的我，听着她哽咽的诉说，脑海中像过电影似的浮现着一幅幅清晰的画面。

时空穿梭回当年创业的我，几度要被现实逼疯，经常一个人坐在寒风凛冽的马路边，看着穿梭的车辆，发愁下个月的房租和工资从哪里来。我也曾像她一样，流着眼泪问着自己：值得吗？

后来才明白，我们经历的每一次痛苦，都是老天赐予的礼物，也会激励我们从原地爬起。当你继续在这个"无底洞"挣扎、深耕的时候，会发现一个绝妙的宝藏，指引我们通往成功的天堂。

从无底洞到天堂，到底要经历些什么呢？请细数一下，并在下面列表中勾出你正在经历着的，或是已经经历过的相似的状况吧。

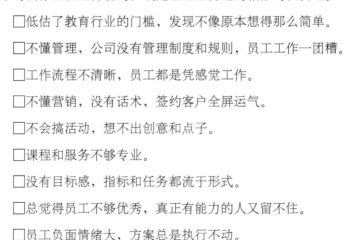

☐低估了教育行业的门槛，发现不像原本想得那么简单。

☐不懂管理，公司没有管理制度和规则，员工工作一团糟。

☐工作流程不清晰，员工都是凭感觉工作。

☐不懂营销，没有话术，签约客户全屏运气。

☐不会搞活动，想不出创意和点子。

☐课程和服务不够专业。

☐没有目标感，指标和任务都流于形式。

☐总觉得员工不够优秀，真正有能力的人又留不住。

☐员工负面情绪大，方案总是执行不动。

□牺牲了睡觉、娱乐、陪家人的时间，工作却还没做好。

□员工不好管，说轻了不管用，说重了要辞职。

□感觉情绪到了低谷，觉得自己坚持不下去了。

□家人不支持，都觉得你干着一个忙死又不赚钱的事儿。

□感觉很孤独，没有合伙人时觉得自己在孤军奋战，有了合伙人后又与合伙人之间发生了很多矛盾。

□没有计划性，想一出是一出。

□工作没有重点，总是变来变去，团队成员没有安全感。

□工作一团乱麻，自己忙忙碌碌的，却不知在干什么。

□天天学习，总有学不完的内容，学得越多，觉得不懂的越多。

□总想得过且过，幻想着自己因为命好会渡过难关。

□竞争对手越来越多，运营成本越来越高，感到很迷茫，不知道是否应该坚持。

□没有完善的激励政策和薪酬方案，员工总是想不劳而获。

□不知道如何与人相处，总觉得自己付出了很多，却一再被伤害。

□总是处理不好情绪，总觉得自己很委屈。

□觉得自己一定能行，既然别人能做好，自己也能做好。

如果你画的√很多，说明你正在努力坚持，虽然步履维艰，但已经走在了通往成功的道路上。在这个无底洞里面，还有无数个与你我一样摸爬滚打的教育人，而大多数人都在砥砺前行。只要将这些问题解决掉，出口就在不远的前方。

反思与作业：

1. 回想近期引发你情绪崩溃的一个事件，或是让你坚持不下去的一个事件，描述那种情绪和感受是怎样的。

2. 思考在这个感受背后你的想法是什么。

3. 尝试将这个想法转为发生了 _____ 的事情，告诉自己尽管遇到了前所未有的困难，但这恰是上天给自己的礼物，而且一定会将这个问题解决，让它成为自己成长的契机。想想都有什么解决问题的办法，比如内部研讨、咨询同行、咨询专家……相信自己有 100% 坚持的意愿和坚定的意志，并且一定能将问题解决。

4

是方向错了，还是方法错了？

一个炎炎夏日的午后，我在咖啡厅里会见了一家幼教机构的创始人王老师，她不远千里来找我做咨询。这是一位优雅又不失干练的女性，言谈举止中流露着对工作的执着与热忱。不过，从她疲倦的眼神中，我也读出了无奈与迷茫。

她用十几年的时间创办了 4 家幼儿园，无论是规模还是口碑在当地都是数一数二的。但是，随着"国家普惠园政策"的推进，原本属于中高端的私立幼儿园受到了冲击，学员逐渐流失，经营也日渐困难。于是，王老师投了 200 万元资金，开了一家针对 0-3 岁孩子的早教中心，目的是为自己的几所幼儿园做生源导流。

没想到，早教中心经营得很不顺利，一年多的时间都没能回笼资金，反而需要继续投入。原有的困境没能解决，她又给自己"挖"了一个新"坑"。

对于经营早教中心来讲，王老师原本是非常有优势的，十几年来，她在当地的父母群中积累了很好的口碑。本以为会一炮而红，结果却不尽如人意，为什么呢？带着困惑和迷茫，她特意来找我咨询，希望能帮她走出困境。

经过了一系列调研和探讨之后，我发现这位经验丰富的投资人恰恰跌入了自己的"能力陷阱"。她过于依赖之前的成功经验，陷入固有思维之中，原本的优势反而成了发展路上的绊脚石。

从对未来市场的敏锐度和判断能力来看，王老师无疑是拥有居安思危的高格局管理者。创办早教中心为幼儿园做生源导流的大方向是正确的，可是运营管理的思路却出了问题，她不应该用管理幼儿园的思路来经营早教中心。她忽略了一个重要的事情——幼儿园与早教中心其实是截然不同的两个业务板块。在市场品宣、引流储备、招生转化、活动策划、运营策略、人才选择、团队管理、教学服务等方面，幼儿园和早教中心之间都有着天壤之别。我告诉王老师，早教更偏向于商业，在运营和管理上应该更多地采取经商的策略与方法。

接下来，我为她梳理了0-3岁早教机构特有的几个方向性核心点，协助她搭建了两个不同方向的运营模式，还对早教中心的管理方向进行了全盘整改。

首先，组建以销售为导向的高效执行团队。

早教项目的团队成员基本上是王老师从幼儿园中挑选出来的。幼儿园老师的特点是对销售和营销方面几乎一窍不通，甚至还有一些心理上的排斥，这导致早教中心的销售工作基本处于守株待兔的状态。

其实，选择做幼儿园教师的人，往往看重环境单纯、工作比较稳定和安逸，大多有着踏实、勤恳、认真、平和、知足的个性特点。而选择做早教的人，往往看重个人梦想与职业的发展，喜欢挑战和创新，大多有着活泼好动、爱沟通、爆发力强等个性特点。

其实，个性没有好坏之分，只是管理者在组建团队时，需要认知与了解，将适合的人放在合适的岗位上。因此，我协助王老师对早教中心的每个员工进行了全面分析，对岗位和职责进行了调整，明确提出了以销售为目标导向的绩效标准，并提供了具体的实施步骤。另外，针对早教项目的特点，王老师也改变了自身的管理风格。

新定位方向后，早教中心重建了一支以销售为导向的团队，开始全新启航。

其次，制定弹性需求下的不间断市场运作策略。

早教机构与幼儿园的市场需求不同，这可能是两者最大的区别。对家长来说，幼儿园是刚性需求，而早教是可选可不选的弹性需求。从某种程度上看，早教是一种教育的奢侈品，只有具备一定财富和认知能力的父母，在送孩子上早教这件事上才不会犹豫。

在这样弹性需求的市场环境下，经营早教机构就绝不能像经营幼儿园一样，只在每年1月和8月进行招生活动，而是要进行全年不间断的市场运作。在这个品牌快速升起、快速陨落的时代，经营者需要改变"酒香不怕巷子深"的态度，通过市场竞争层级锁定、异业联盟、新媒体矩阵、权威背书、客户见证、产品包装等策略，让自己的机构名字不断出现在公众视野中，并通过专业的课程和完善的服务体系在当地树立口碑和品牌。

令人激动的是，通过每个月市场的不间断运作，早教项目全年的营业额较前一年翻了两番，市场占有份额提升了一倍。

最后，制定了以营销为导向、以专业为核心、以服务为亮点的科学管理流程。

王老师在为早教项目制定管理制度时，还犯了一个严重的错误——没有设定流程化的标准与要求。管理手册变成了废纸，根本没有按照其内容执行，基本上是在按照自己的意愿随性、随意运营。这导致了权责不清晰、员工时间管理差、工作效率差，用"忙"和"乱"来形容这一管理状态再恰当不过。

将教育机构依照经营商业企业的思路来运营，需要搭建专业、服务、营销的铁三角流程化管理系统，三者缺一不可。若团队中的成员能够按照标准与要求，系统、准确地完成这三项内容，那么达成整体的企业发展的绩效目标就很可能会实现。

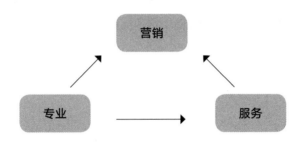

在本书的后面，对这三部分的内容进行了展开讲解，请参见第四章（你可以不做，但不能不懂）、第五章（你不可不知的客户心理）和第六章（走心的服务大于一切），这里的案例，只是希望能启发大家思考，看看自己是否也陷入了同样的困境与误区中。

在把这部分流程化的内容协助王老师进行技术梳理与调整后，她在机构中进行了推行与应用。思路转变方向后，随着科学的管理方法深入实战、复盘，王老师的早教团队不再是一团乱麻，员工开始有目标、有计划、有条理地分工与协作。尽管还是避免不了产生一些小矛盾、小情绪、小错误、小问题，但这些都阻挡不了机构就像安上了发动机一样，将开启可持续性发展的新篇章。

愿阅读至此，你已经明确自己应走的方向与应有的管理思路。希望你将本书后面提出的方法化为前行中攻克关卡的技术攻略，通关你的教育事业。

反思与作业：

1. 思考目前的经营问题是出自方向问题还是方法问题，是思维问题还是技术问题。

2. 思考自己的销售与管理人员是否具备高效执行的能力和狼性的精神。

3. 请检索自己的机构是否有完善的管理制度与操作流程。

5

是合伙人，还是搅局人？

　　谈起合伙人，我脑海中跳出了风靡一时的电影《中国合伙人》中的画面。该片讲述了八十年代三个年轻人从学生时代相遇、相识，共同创办英语培训学校，经历了冲突、磨合，最终实现"中国式梦想"的故事。不得不说，那个年代成就了一批创业精英。近年来随着创业政策越来越宽松，也掀起了一股不小的创业潮，但并非所有的创业者都能像电影中的主人公那样获得成功。

　　下面的这些故事，你可能经历过，或者正在经历。在下面的故事里，有没有你和合伙人的影子呢？

铁打的梦想，流水的合伙人

　　每个成功的企业里似乎都有一位执拗于专业与梦想的合伙人，如电影里的成东青、新东方的俞敏洪、苹果的乔布斯、阿里巴巴的马云、华为的任正非……这些人创业不仅是为了钱，更多的是为了所谓的"执念"和梦想。为了信念，他们吸引着拥有相同梦想的合伙人，同时也在淘汰着一些只为投资回报的合伙人。

说到与合伙人的故事，我脑海中浮现出一张张熟悉的面孔，一幅幅携手奋战的画面。我很感谢创业路上流水般经过的合伙人们，感恩他们对我的支持，没有他们就没有今天的我。2007年夏天，我只给孩子留了十万元的储备金，将其余积蓄全部砸进早教这个"坑"里，切断了所有的后路，从此踏上了早教这条不归路。

最初有三个合伙人，后来退出两个又进来两个，后又退出两个进来一个。始终坚持的，只有我这个不肯放弃的人。我的创业之旅大概经历了这么几个阶段——从均分股权，到为了支持企业的现金流稀释股份，再到以技术入股进入早教研发与培训行业，最终成为教育咨询公司的创始人。

我很幸运，遇到了一些志同道合的合伙人，尽管共同奋战的时间有长有短，但都成了我生命中的贵人。

站着说话不腰疼的局外合伙人

一个早教中心的投资人打电话向我求助，她急需一份详细的店长薪酬细则，深究原因，源自合伙人之间有了隔阂与矛盾。

三个朋友合资100万元，开了一家集水育、早教、托育为一体的早教中心。有两个合伙人在行政单位上班，不便参与运营，委托了这位朋友作为店长负责经营。因为都是朋友，所以并没有签订明确的协议，也没有明确约定店长的薪酬制度，只是象征性地发一个基本工资。

不知不觉两年过去了，早教中心的业务一直在稳步发展。不知是因为没有实现预期的利润，还是因为到了合作的疲惫期，两位投资人对早教中心的关注度越来越低，连正常地发朋友圈宣传都不愿参与了。参与经营的这位投资人苦不堪言，觉得自己付出了这么多，也没拿到什么钱，还白白遭受了很多埋怨。

参与经营的这位投资人想好好谈谈自己的收入与考核，又碍于情面不好意思说，但不说又感到不公平，于是越来越没有工作的动力。为了早教中心的长远发展，经过深思熟虑后，她还是决定请我这个中间人来协调关系。其实，谈钱不伤感情，不仅仅指老板与员工之间，与合伙人之间也是如此。越是朋友越该把钱谈明白，这样才能真正不伤感情。

谁都想说了算的合伙团队

都说八仙过海、各显神通，几个优秀的人在一起创业必能成功。但在现实中，你会发现事实并非如此。

一个由四位合伙人组成的创业团队，在创业初期就拿到了百万元的首轮天使融资，不得不说这是个令不少人羡慕的开端。但很多故事你猜得到开头却猜不到结尾，风风火火的项目历经一年还未推向市场就已夭折。令人诧异的是，这个项目创意好、市场前景好、启动资金充裕、投资方背景和实力也足够雄厚……到底折在了哪里呢？

在整个项目上，可谓"天时""地利"齐具，欠缺的就是"人和"。

人不优秀吗？不，每个人都十分优秀，一个是能把早教市场掀起半边天的销售与资本谈判高手，两个是拥有二十多年幼教教学与管理经验的资深幼教人，还有一个是单店运营经验丰富的管理人才。按理说这样的团队组合应该闪亮登场、一鸣惊人，最终却落得苦苦挣扎后还是草草收场的结局。

究其根源，就是团队里的每个人都想说了算。多数人的创业初心中都藏着一个当老板、说了算的梦，但又觉得几个有共同梦想的朋友一起创业打天下不应该非要听谁的，一起商量才能得出最优方案。殊不知，对企业决策来说，商量往往是一种最没效率的工作方式。

作为创业者，就应该运用高效推动发展、以结果为导向的运管方式管理企业，摒弃烦琐冗长的行政环节。这种方式要求必须有一个决策机制，哪怕个个能力超群，也只需一个核心的领导者来决策和担当。合伙团队的成员都应一心以公司的利益与发展为目标来定位自己的角色，不能被朋友关系、闺密关系、亲属关系羁绊。一起组建团队的人越优秀，越容易陷入自我定位的陷阱中，总想以"我的价值体现"来主导公司发展，而忘记公司的成长才是自己真正价值的体现。创业团队成员用"应该做什么"的理性替代"喜欢做什么"的执念，才是合格合伙人应该具备的思维和心态。

提醒带着一帮优秀的人创业的领头人们，请不要忘了在创业开始就把决策的流程和规矩立好，安排好每个参与经营的合伙人的分工与权责。合伙的时候请暂时忘记情分，这关乎创业成功与企业发展的大计。

一夜暴富的股权认购背后的真相

股权激励是近几年很火爆的词汇，很多新创立的教育机构也企图通过员工、家长认购股份来解决现金流问题。更有甚者，为了吸引家长和员工入股，采用预购课程费用充抵股份、承诺资金收益、转介绍分红等五花八门的"股权激励"方案。许多不明真相的创业者，往往身陷其中还沾沾自喜，一夜之间过百万的认购金入账，更容易让人迷失。需要明白的是，只要不是公司章程中约定的合伙股份，其他投资都是一种负债（只共享收益、却不共担风险）。

还有创业者认为，把家长拉来做合伙人就会万事大吉，不用做地推和引流，就能坐享现金流循环的快感。但愿望永远只是愿望，贪嗔痴会让我们忘却脚踏实地经营的重要性，一不小心可能还会踏入非法融资的雷区。

粗略估计，全国约四十万家教培机构，有一半以上的机构都以合伙经营的形态存在。每个故事中，仿佛都有无数个我们的缩影。

对创业者来说，弄明白合伙的关键与核心，避免因股东关系破裂导致企业破产是非常重要的。希望大家注意以下几点：

· 资金投入小的生意不要合伙，人多嘴杂更麻烦，不仅效率低，还容易错过最佳的决策时机。

· 如果条件允许，就不要与亲戚朋友合伙，以免亲情与友谊的小船翻在合作的海洋里。而且因为有亲情、友情的掺杂，工作很难只是工作。

· 若合伙项目资金投入平均，以三人为佳，这样在进行决策和商议时，如有争议，还可用少数服从多数的表决方式。这一条纯属个人观点。

· 对于不了解本地教育、又没教育情怀、却只想赚大钱的合伙人，尽量避而远之，因为教育行业需要时间沉淀，并不属于暴利行业。

· 股权改革一定要在可盈利的前提下进行，例如需要拓展业务（比如开新店）时，将业务骨干发展为合伙人，是一种非常好的方式。

· 在合伙之前，要与合伙人谈清楚首轮投资、资金追投、股份转让与退出机制。尤其需要大量资金投入的情况，更要将这几个方面约定清楚。另外，还要约定清楚各位股东的职责、权益、分工与薪酬。合伙投资的本质是风险共担，不承担风险或者要求承诺保底的投资千万不要沾。

合伙人也需要互相磨合，直面冲突与矛盾是必修课。越回避矛盾，信任危机会越大，哪怕打上一架，都比憋在心里强。只要目标一致，任何矛盾和问题都会迎刃而解。对于合伙创业来说，人品是底线，盈利是标准，信任是基础，互利是原则，成长是途径，成就是目标。

反思与作业：

1. 梳理你与合伙人之间的约定，找出目前存在的问题，并列出来。

2. 与合伙人开诚布公地沟通一次，提出合伙存在的问题，并商议解决方案。

6

钱到底漂去哪里了？

很多教育机构的投资人都会觉得自己掉进了无底洞，投入的钱莫名其妙就不见了。在我服务的一些机构中，尤其是独资的机构，账目往往是一笔笔糊涂账。更不可思议的是，有的投资人就连公司的钱跟家里的钱都分不清楚。问她赚钱了吗？没有！赔钱了吗？不知道！能拿出一本流水账就不错了。

我将一连串的问题抛出去：

投资成本是多少？

运营成本是多少？

装修费和前期投入是分几年摊销的？

月现金流是多少？

月消课收入是多少？

负债是多少？

盈利率是多少？

…………

我往往会看到一双双困惑又迷茫的小眼睛。曾经这样一段经典的对话，完全刷新了我的认知。

问："你现在的机构赚钱吗？"

答："嗯，还行。"

问："能赚多少钱？"

答："每月流水五万块就赚钱。"

问："每月的运营成本是多少？"

答："房租每月两万元，人员工资每月三万元。"

听到这里，我又问："那装修花了多少？前期加盟品牌、买教具花了多少？培训花了多少？"

令人惊讶不已的答案是："啊，还要把这些费用也算上吗？"

我虽然不是专业的财务人员，但也有着投资经济专业的教育背景和五年的银行从业经验。当这么多懵懂的眼神看向我时，我希望凭借自己的经验帮助大家梳理下账目，搞明白自己的钱到底去哪里了。

先说说投资，我想在投钱干事业之前，做完整预算的人应该是凤毛麟角，而在投资前能把投资回报率搞明白的人更是少之又少。不管你是否有着一笔笔糊涂账，先以年度为单位，把投资的钱算明白。

支出评估表（按照三年摊销前期投入计算）						
序号	分类	名称	单位价格	结算单位	数量	总支出
1	营业成本	房租与物业		年度汇总	1	
2		装修（三年摊销）		年度汇总	1	
3		固定资产与前期教具采购（三年摊销）		年度汇总	1	
4		每年采购更新的教具（三年摊销）		年度汇总	1	
5	应付职工薪酬	人员工资、奖金、保险、公积金与福利		月度支出	12	
6	销售费用	市场活动、宣传推广、礼品、广告		月度支出	12	
7	管理费用	品牌加盟费（按合同期限摊销）		年度汇总	1	
8	管理费用-办公费	办公用品、水电、厨房与人员招聘等行政费用		月度支出	12	
9	管理费用-培训费	培训与培训产生的差旅费		年度汇总	1	
10	管理费用-招待费	外请讲师费用与差旅费		年度汇总	1	
11	课程引进与更新费用	产品研发与课程引进		年度汇总	1	
在此不考虑残值						
					总支出	

为了避免会计相关专业的读者"喷"我，我先声明一下，这里并没有按照经济学中的专业术语来讲解，而是根据早幼教机构的情况，按照通俗易懂的"刘式粗略计算法"来讲的。

我们不能只计算每个月固定支出的成本，还要将前期投入的资金经过摊销后计入年度的支出中。作为新机构，为方便计算，我把教育机构每个月需要计算的成本分为投资成本和运营成本两种。

运营成本：不计算待摊销的前期投入，只计算每个月必须要支出的费用，比如房租、物业、水电费用、人员工资和行政费用等。

投资成本：将前期所有的投资进行两年或三年的摊销，再加上所有实际支出的费用。例如在上图表中总支出的金额就是全年的投资成本。

对于一家新开的早教机构或者教培机构（不包括幼儿园）来说，良性的运营应该是半年内达到营收平衡，也就是说现金流入应高于现金流出，并逐步收回投资成本。如果一年还没实现收支平衡，就要想办法了，否则"窟窿"就会越来越大。

投资的摊销一般根据机构的规模和前期投资总额，按照两年或三年来进行，如果机构前期装修投资太大，可以做五年摊销，但不得高于房租合同的期限。

还有一点，有的投资人仅仅计算销售额，殊不知教育机构是预付费模式，只要课没上完，账面上的资金就还不完全属于我们。除了在合同上约定好一些退款规定与违约金条款外，尽快消课才是解决问题的根本。因此，每月除了计算销售额，更要计算消课收入这个重要的数据，这才是真正落入口袋里的钱。

另一个你很不想碰，却又不得不碰的数字就是负债金额。在教育行业中，负债的原因大多是有未消课程。负债金额就是未消课程的价值金额。对于一般经营的企业来说，良性的资产负债率在45%-65%，如果你仔细计算自己机构的资产负债率，可能会体会到一种前所未有的扎心痛。

资产负债率的计算方法很简单：资产负债率＝总负债／总资产×100%

总负债就是未消课程的金额。总资产包括流动资产、固定资产、无形资产等。当你细细计算自己机构的总资产时，可能会发现总资产少得可怜，教育机构单店的资产基本上就是现金、教具、办公用品等硬件，其他的资产寥寥无几。这就是想关门时却关不掉的可怕原因。

真相是惨痛的，但也是我们回避不掉的。不知道不代表不存在，不懂不代表不发生。数据给的真相是真实的，带来痛苦的同时，也给了让我们努力与前进的方向。当懂得了钱到底去了哪里后，就该行动起来了。在接下来的运营中，我们要算清投资成本、运营成本，制定好销售额目标与消课目标，让钱真正回归口袋！

营业额测算表					
总支出	任务类别	月度成本	盈利比例	营业额目标	消课目标
	T1保底值				
	T2目标值				
	T3冲刺值				

反思与作业：

1. 你将机构的前期投资摊销了几年？

2. 算出机构投资成本与运营成本。

3. 计算消课收入是多少，负债金额有多少，资产负债率是多少。

4. 分别制定营业额和消课的T1、T2、T3目标值。

7

我们到底在卖什么？

与多年不见朋友聚会时，一谈论起工作与事业，就经常会遇到这样尴尬的场面。

问："现在做什么呢？"

答："做教育。"

追问："在学校当老师吗？"

答："不是，在做早教、幼儿园。"

感叹道："家长的钱特好赚吧。"

答："……"

当朋友进一步追问早教中心到底提供什么服务时，你竟然无言以对。如果愣是把早教的重要性一一罗列，估计一场聚会就会演变成一堂违和感十足的"早教扫盲课"。猛然发现，我们的业务竟然很难用一两句话说清楚。

我常常问早教机构的顾问："你卖的是什么。"

对方会脱口而出："课程啊！"

我观察过一些顾问与家长的聊天过程，他们通常是在自说自话：我们这里有这个课、那个课，从哪引进的，怎么怎么好，能培养孩子这样那样的能力。我将目光转向家长时，却看不到频频点头的认同，而是飘忽不定的眼神，这说明他们根本没听进去。这样的"神对话"在教育机构的营销和销售过程中屡见不鲜，甚至老板亲自谈单时也讲不清楚，自己卖的到底是什么。

如果你认为卖的是课程，那就大错特错了。我们来进行简单的换位思考，一起把"卖什么"这个问题搞明白。

比如，你的孩子才6个月，你听说早期教育对孩子来说特别重要，因此看了许多教育类书籍。然而，你依然害怕因为自己才疏学浅耽误孩子的前程，于是带孩子去上早教课。这时候的你，并不是为课程买单，是为一份责任与期望而买单。

再如，你的孩子2岁了，还只能说"爸爸""妈妈"这样简单的词汇，看到口齿清楚的同龄孩子时，你开始担心自家的孩子语言发育有问题。你期待自己的孩子也能流利地表达，于是带孩子去上早教课。这时候你也不是为课程买单，而是为内心的担忧而买单。

又如，你的孩子1岁多，聪明伶俐，活泼好动，看起来各方面发育都不错，但脾气急躁，不能和同龄的小朋友好好玩耍。于是，你想带孩子去上早教课，希望孩子得到最好的情商启蒙。这时候你也不是为课程买单，而是为孩子的未来而买单。

…………

是的，我们卖的不是课程，而是现在所创造的未来。"孩子会不会输在起跑线上呢？""孩子输在起跑线上重不重要呢？"就在很多人争论相关问题时，我们发现0—6岁根本就不是孩子的起跑线，而是孩子成长的"根基"，好比楼房的地基一样，不仅重要，而且必要。

我们卖的是让树根强壮生长的不可缺少的养料，是稳固地基的一砖一瓦，是针对不同孩子与家长的需要，提供的个性化、系统化、完整、专业的早期教育指导方案。

一定会有人提出疑问：你讲的东西太虚了，我更弄不清楚了。其实，你不用着急讲清楚"卖的是什么"，应该先搞清楚"家长心里想的是什么"。只有搞懂家长的心理需求，慢慢建立起信赖感，介绍课程与邀请体验就水到渠成了。很多机构的顾问上来就介绍课程、邀请体验，却发现家长听了体验课，还是一头雾水，信任和成交也是无从谈起。

本书后面详细讲解了与家长建立信赖感的方法。这儿，我们还是弄明白"我们卖的到底是什么"。

（1）我们卖的是立竿见影的效果承诺

首先，要帮助家长分析孩子成长中的问题，让家长更科学、客观地认识自己孩子的各项能力（语言、运动、社交、专注、认知等）的发育程度。其次，在与家长达成共识后，提出解决问题的课程方案与教育指导方案，并明确告知家长必须配合的事项，并承诺会达到预期效果。

（2）我们卖的是铸就希望的关键期教育

如果你是家长，希望孩子未来成为什么样的人时，肯定会说"健康、快乐、乐观、感恩、幸福、担当"等词汇。可是，孩子的"未来"是由无数个"现在"积累而成。0-6岁是孩子大脑潜能的开发期，情商形成的关键期，更是铸就希望与未来的关键期。一旦家长明白了这个道理，就会更加认可我们的早教课程！

（3）我们卖的是缓解未来焦虑情绪的良药

科技发展是把双刃剑，一面会让教育更加便利化，一面会加剧教育的两极分化。分离焦虑、注意力不集中、电子产品成瘾……问题孩子的比例在大幅增加，这势必会加剧家长的担心和焦虑。我们要明确地告诉家长，我们卖的不仅是早教课，更是家长必须要学习的育儿课，希望缓解父母的焦虑、情绪化，走向智慧、理智与平和。

（4）我们卖的是精英教育的入场券

当家长看到别人家孩子如何优秀时，我们也要让家长看看别人家的父母是如何做的。现在真正进入了拼爹拼妈的时代，不仅仅是拼财富、拼地位，而是拼教育思维和教育意识。寒门再难出贵子，说的不仅仅是经济上的"寒门"，而是思想上的"寒门"。面对热衷于教育的家长，我们卖的就是精英教育的敲门砖，精英教育的入场券。

面对家长五花八门的问题，请不要去评价孰对孰错，而是要识别出家长内心的想法与需要。当我们真正走进家长的世界中，认同他们的需要时，你自然会知道要卖给他们的是什么了。当家长看到你认同与接纳他们时，他们也会逐渐接受你的想法。这才是水到渠成的最高境界。

反思与作业：

1. 观察老师与家长在沟通时是如何讲述卖的是什么的。

2. 列举两个最近报名的家长的真正需求，并对沟通与成交的过程进行复盘分析，定位最终家长买的是什么。

8

贴在墙上的企业文化

听到"企业文化"这四个字时你想到的是什么？晨会时喊的口号，贴在宣传墙上的标语，还是企业手册上的信条？

很多创业者认为，企业文化与小微型企业无关，只有像苹果、华为、阿里巴巴这样规模的企业才需要企业文化。对很多小规模的教育机构、幼儿园来说，连墙上的标语都没有，更别提企业文化了。

用通俗易懂的话来解释，企业文化就是把创始人的信念、精神、思想、价值观念具体体现到经营的方方面面。企业文化不仅可以凝聚团队的战斗力，更能让客户了解我们的产品和经营特色，对拓展品牌和扩大市场影响力也会起到重要作用。

在我看来，与大企业相比，小微企业更应该拥有自己独特的企业文化，《西游记》中的师徒四人也是个小团队，正是因为心中的信念，才熬过了九九八十一难，最后取得真经。

有人说企业文化一定要"高大上"，其实不然。我更倾向于把工作原则视为企业文化的一种表现方式，使之成为大家一起奋斗的向心力。有的团队并没有将企业文化呈现出来，没有将其总结成文字、标语甚至符号，但企业文化时时刻刻都在影响着团队的工作状态与方向。

就拿我们璟舒教育来说吧，创业之初并没有正式的制度手册，只有几条工作原则，明确提出了公司的发展方向与具体的工作要求。从管理学专业角度来看，或许难以将这些称为企业文化，但在我看来，这些就是璟舒教育企业文化的雏形。

跟大家分享一下璟舒教育的工作原则，虽然写作风格有点随意，但确实以最快的效率让团队成员知道了工作的方向与标准。

我们共同的价值观：

做有意义的事，做有意思的人。

专业是教育行业永远的核心，坚持做专业、系统的原创教育内容与深耕内容是我们追求的目标。

我们的工作原则：

极度求真与透明，用开放的心态来面对工作，敢于追求卓越，愿意挑战困难但有意义的事情。跟自己死磕到底，用强迫症和完美主义追求教育专业核心的极致品质，寻求本真，只出精品。

我们的工作使命和目标：

责任与担当。

我们的生活目标：

用积极向上的心，拼搏于智慧的工作，成就家庭和谐幸福的人生。

我们的工作要求：

· 业绩是企业命脉，每个成员都要为业绩担起责任。

· 凡事必有回应，处理必须高效，方案必然完善，工作必有成果。

· 做事情多往前想一步，提前处理一步。

·按照要求严格执行计划，服从已经做出的工作安排。在不理解的情况下，也保持先执行再讨论的原则。

·当日事当日毕，如果没完成，必须说明原因。

·每月举行不少于一次的开放式头脑风暴会议，工作时必须保持极度透明，每个人都需要承担企业发展的重任，对发展提出建议与意见，最终采用最优方案。

·客户问题实行"首问负责制"。

·保持学习的状态，保持积极的生活状态，每月必须读书。

我们会定期对这份工作原则进行更新、调整与优化，也慢慢地将它视为了企业文化的一种表现方式。

对小微教育机构或连锁机构的单店来说，在建设企业文化时，可以注意以下要点。

（1）**领导者的习惯与风格就是企业文化**

我们常说，家庭教育中要重视榜样的作用，身教比言传更有用。在小微企业中，领导者的言传身教就是企业文化最核心的体现。作为领导者，思维方式、工作方式、行为方式、沟通方式、决策方式等往往都会深深影响团队中的每个成员。尤其是要求团队成员去做某项工作时，或者对团队成员提出某种要求时，领导者要先反观自己是否做到了。在没有明确企业文化的机构里，领导者的习惯与风格就是企业文化。

（2）**企业文化中不可或缺的要点**

作为小微企业，我们很难把企业文化做到管理学意义上的高度和难度，但一定要明确提出一些要点，并将其体现在工作中。

·体现创始人创立与发展机构的初心、意义与使命；

·体现为人处世的原则，例如注重成长，高效执行，凡事给自己和他人留余地，成就他人；

·体现"求大同、存小异"的原则，接纳每个成员的个性特点，真正帮助每个成员成长；

·对工作流程、决策原则、处理分歧的原则，要有明确的规定。

（3）深入人心比写出来更有效

不必用华丽的词汇或标语将企业文化呈现出来。当制定好企业文化的内容后，在日常的工作中，应不断将这些内容渗透到工作的方方面面，不断用行为影响团队成员，让他们真正感受到企业文化的内容。

当企业文化深入人的内心时，才能真正起作用。其实，企业文化并不复杂，也不高深。作为创始人和管理者，你的行为会影响整个团队的行为，你的目标和信仰也会逐渐成为团队的目标和信仰。说白了，这就是企业文化！行动起来吧，企业文化便不再是空谈，而会成为聚集团队能量的源泉！

反思与作业：

1.思考一下，你目前的团队是否有企业文化，企业文化是什么。然后，进一步观察下，企业文化是否起到了真正的作用，还是只停留在了表面上。

2.如果没有成型的企业文化，先制定几条简单易行的工作原则。

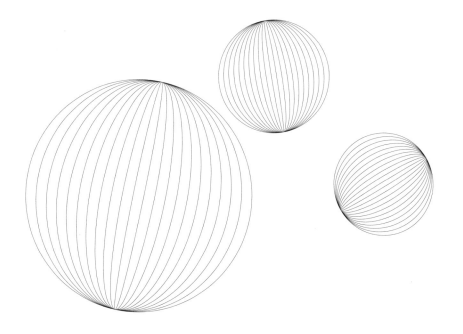

会思考
比瞎忙活
更重要

第二章

1

为什么受伤的总是你？

最近认识了一个这样的创业者，老板当得比员工还憋屈。她把一颗心毫无保留地呈现给了员工，但最终发现员工并不领情。比如，园所的一名女老师被男朋友家暴，她站出来为这位老师主持公道，甚至自掏腰包让这位老师住酒店。本以为会收获对方的感恩之心，不料这位老师离职时却坦然地说，"老板这么做无非是想留住我，再说了，老板这么有钱，花这点钱算什么"。再如，她重点栽培的店长人选，却在园所资金困难的时期提出了涨工资……

在她带领的这个团队中，员工似乎都很自以为是，认为自己很值钱，更认为赚钱很容易，动不动就要求涨工资，否则就离职。反思一下，为何这位投资人如此倒霉，遇到了这么多"白眼狼"呢？

谈起受伤，我想经历过创业的人无疑都是伤痕累累的。经历过一次次受伤后，你是否能痛定思痛成长起来，在一定程度上决定了自己的前程。成长型的人会修炼出强大的内心，会逐渐挤进行业的20%，那些只会抱怨的人最终只能在苦海中挣扎，不得解脱。

身处在逆境中时，思考一下：是自己真的倒霉，还是凡事皆有因果而不自知呢？请冷静下来进行分析：

一、对于频繁受伤，应该反思些什么呢？

（1）让别人知道你的底线

很多时候我们充当了烂好人的角色，从来不好意思拒绝别人，更不好意思对别人提出要求。要知道，在创业和管理团队时，充当烂好人不仅会让我们一次次受伤，还会影响整个团队的发展。

在人际交往中，试探对方的底线似乎是人与人相处的一种本能。幼小的孩子似乎不用学就会的一种本能是：用哭来获得自己想要的东西。我们常常会看到，聪明的孩子会一边哭，一边偷看我们的反应，观察我们是否会妥协。久而久之，孩子的哭闹会内化为一种习惯。孩子如此，成年人亦如此。俗话说："柿子专拣软的捏。"说的就是，一个人越没有底线、越没有原则、越好说话，在人际相处中就会越被动、越弱势。

刚刚创业的时候，我自己就是个标准的"烂好人"。明明要求下班前要关窗、关灯、断电，可一下班，老师们跑得比小鹿还快，最后只好自己动手。当时觉得并不是什么大事，得过且过就可以了，可后来发现我这种无所谓的态度，使得团队成员的执行力越来越弱，最终竟成了不少人辞职的理由。当他们走的时候，还会说我是个好人，但不是个好老板。

生意场如江湖，我们不可以做一个单纯的好人，而要做一个"不好欺负的"好人，我们要有底线意识，这也是自我保护的防线——"人不犯我，我不犯人；人若犯我，敬让三分；若再犯我，绝不容忍"。

（2）带团队不能掺杂私人感情

工作团队里最好不要有哥们、闺密、亲属等。如果不得不有，在处理工作关系时，也尽量不要掺杂私人情感。

有这样一个咨询案例：投资人因为有公职在身，不能全职参与园所的经营，正好自己的妹妹又没有工作，就让妹妹全权管理。园所经营了两年，毫无起色，而且很多问题的根源都聚焦在妹妹的管理上。碍于亲姐妹的关系，她又不好意思直说。长此以往，不仅园所的业绩越来越差，姐妹关系也因此变得矛盾重重。

在创业的过程中，我也吃过感情用事的亏。差点因为用人问题，让十几年的闺密形同陌路。幸运的是，我们的心态都还不错，能够做到开放透明，最终一起克服了困难，推动了公司的发展。

在创业过程中，投资人当然要充满激情，但不应夹杂私人情感和个人偏好。无论是员工、朋友还是亲人，都需要在工作中与工作外扮演好自己的角色，认清彼此的职场身份和工作角色。只有这样，才能促进团队的成长与发展，而不会莫名其妙地受伤。

（3）在成就他人这件事上，我们不可太过"功利"

很多时候我们受伤是因为没有认清企业经营的真相，没有接受"铁打的营盘流水的兵"这一事实。作为投资人和管理者，我们应该成就团队中每个成员的未来与梦想，引导他们在工作中发现自己的短板，帮助他们成长。哪怕有一天他们会离开我们，这份付出是值得的。在培养和成就他人这件事上，我们的付出不应该太过"功利"，不要等待所谓的回报。

这就和处理家庭关系一样。家庭成员的要求超出了你的"底线"，你可以拒绝；只要在你的底线以内，你既然选择了付出，就不能心存抱怨，而是要心甘情愿。

当你拥有了这样的胸怀和能量，团队成员就会成为你的家庭成员，怎会轻易离去。

二、如何修炼强大的内心

那么，我们该如何修炼自己的内心，让自己逐渐变得强大呢？试试下面的方法。

（1）树立"原则"意识

2018年，有一本非常火的叫《原则》的书，作者是美国桥水基金公司的创始人瑞·达利欧，他在书中阐述了他的生活原则与工作原则，以及如何用这些原则来指导具体的工作与生活。我们也应该制定出符合自身发展目标的原则，并让团队中的每个成员都知晓这些原则。

原则也是底线。它宣告了我们在经营过程中最应该关注的问题是什么，处理分歧的方式有哪些，决策的根据来自哪儿。持续性地遵守原则，我们的内心也会变得更加强大，处事更加智慧。

（2）养成自律的习惯

德国数学家克劳修斯认为："在孤立的系统内，分子的热运动总是会从原来集中、有序的排列状态逐渐趋向分散、混乱的无序状态，系统从有序向无序的自发过程中，熵总是增加。"这就是所谓的"熵增原理"。

熵增原理的价值已经远超过了物理学范畴，并上升为一种思维方式与生命哲学。熵增原理告诉我们，事物从有序变得无序是一种自然的本能。人性之熵体现的就是懒惰、拖延、贪婪、怯懦。而对抗熵增的唯一方式就是自律，几乎所有成功人士，都是在不断修行自律的人。

养成自律可以先从简单的小事开始尝试，例如早睡早起、每天坚持学习与阅读、每天坚持写晨间日记[1]、每天坚持冥想等。从小事做起，

---

1 日本的佐藤传在《晨间日记的奇迹》中提出了一种坚持记录晨间日记的方法，每日记录时间不超过五分钟，但旨在培养一种思考与梳理的自律习惯。

一点点积累，坚持下去就会收获成就感。

要知道，自律也会影响团队中的每一位成员，会使得他们更加关注自身成长。

（3）坚持清理情绪垃圾

每个人都有七情六欲，它们与我们的内心需要紧密相连，能让我们体会身体的各种感受。当需要得到满足时，我们会感到兴奋、喜悦、放松、踏实、幸福、愉快等积极情绪；需求得不得满足，我们就会产生愧疚、沮丧、绝望、茫然、恐惧、焦虑、愤怒等消极情绪。

当消极情绪出现时，我们应该认识它、觉察它、感受它、接纳它，把这些情绪当作修炼内心力量的功课。

冥想是世界上公认的提升能量与清理情绪垃圾的方法，这一方法让我受益颇多。清晨冥想可以让我们能量满满地迎接一整天的工作，午间冥想可以与午休完美结合，睡前冥想可以清理白天的情绪垃圾，并让我们以放空的状态进入高质量睡眠。冥想并不复杂，每次冥想进行 10 分钟左右即可。像乔布斯、瑞·达利欧等知名成功人士，都有冥想或打坐的习惯。

反思与作业：

1. 列举一件你记忆最深的受伤经历，反思如果再发生一次，你能够改变什么。

2. 细数所有伤害过你的人，想想他们给了你哪些财富与收获。

2

老板应该做的事儿

　　有这样一个真实的故事。王老师曾是一家教育机构的园长，有了一些积蓄后，她投资了一家规模不大的园所。园所刚刚组建，王园长凡事亲力亲为，每天早晨还会亲自去采购菜品。由于她声名在外，很多家长慕名而来，园所的生源逐渐增多，课程也被安排得满满的。她满意而充实，每天都过得特别有劲儿。

　　不久后，她发现园所就像一只破掉的水桶，哪里都会漏出水来，而她每天都要去当"补救队员"。她不仅要去谈客户，还要客串前台、活动策划，偶尔还要客串一下保洁。尽管她每天忙得像个陀螺，但似乎没有员工买她的账，就连她一手栽培的储备店长都选择了跳槽。

　　尽管她每日辛苦工作，但并未给园所打开新市场，依然是之前熟悉的老客户。她每天处在焦虑、迷茫中，不知道接下来的业绩从哪里来。

　　读到这里，你也许会从王园长身上看到自己的影子，其实在现实中，确有很多像她这样每天劳心劳力却没有什么收获的投资人。

　　再看另一个季老师的故事。带孩子上早教的过程中，季老师发现这是一门不错的生意，好像只要租个门脸，加盟个品牌，招聘个店长，接下来财源就会滚滚而来。季老师的丈夫是做矿石生意的，手头有一些灵活资金，看着妻子有兴趣，于是就帮助她实现梦想。他们把店面装修得像模像样的，又聘请了一位有经验的店长。季老师大多时间在家里照顾孩子，一周来个一两次，觉得有店长管理就够了。最初业绩不太好，但觉得日积月累，总会冲上来的。直到年底，季老师才算了算账，这一年下来前期投资的 200 万元不算，另外又搭进去 50 万元，而会员人数还没超过 50 个。

季老师找到了我，问这样的业绩是否合理？当我问一些数据时，却看到她一脸茫然。

上面两个投资人的管理风格截然不同，但他们都做的事情，都不是老板应该做的。

这十几年来，我走遍了全国各地上千家园所，与众多投资人交流过。我发现，很多经营困难的园所，问题往往出在了投资人身上。

有的投资人和季老师一样只想当甩手掌柜，这种期待在别的行业或许可行，但在教育行业极难实现，因为好园长通常是培养起来的，而不是招聘来的。试想一下，当一个园长有能力把机构管理得井井有条、蒸蒸日上、业绩倍增的时候，要么就会被投资人吸纳为股东，要么就会和故事里的王老师一样自己创业当老板，又怎会到别的教育机构应聘老师或园长呢？

难道投资人们真的都要像王老师一样凡事亲力亲为吗？其实王老师也进入了误区。她没有为自己做明确的定位，她每天忙不完，却并没有做该做的事情，反而在"侵占"其他老师的位置、资源和利益。在任何团队中事情总是守恒的，她做得多了、想得多了，团队中的员工自然就做得少了、想得少了。久而久之就会形成一个恶性循环，员工会认为凡事只要等着王老师做就好，反正自己做什么王老师都不满意。

老板最该干的事情就是选人、用人、培养人，先管人，再管事儿。那么，一个合格的教育机构的投资人应该做哪些事情呢？

请遵守以下几个原则：

（1）成为企业的灯塔与风向标

无论在哪个行业、哪个机构，老板都是旗帜，标志着机构的未来。老板的一言一行、一举一动都代表着机构的企业文化、管理风格、发展方向与未来目标。当老板围绕的仅仅是前台签到、物品采购等小事儿的时候，员工会没有任何安全感，成长、未来、动机与内驱力，更是无从谈起。

（2）做与业绩相关的一切规划与决策

可持续性盈利是企业发展的重要目标与动力，不盈利，何谈发展与社会责任，又何谈实现梦想。尤其是民营的教育机构，没有政策支持和补贴，花每一分钱都得自掏腰包。梦想仅靠爱是无法支撑的，我见过为了做教育抵押房子、借高利贷的。没有业绩真的寸步难行，与业绩相关的一切规划与决策都是老板最应该做的事情之一。

（3）目标的制定、可行性分析与分解

制定与可持续盈利相关的目标与绩效指标是第一步，在此基础上要制订好年度计划、月度计划，将目标任务进行分析与分解，既要保证业绩完成，还要确保业绩任务制定的科学性、挑战性、可行性。

从大方向上看，我们需要把业绩总额拆分到不同的项目上，也就是拆分业绩的来源。可以先梳理教育机构的主营项目，如单独课程、游泳、托班等，再根据上一年度的客户满意度与续课率预估本年度的会员续课业绩金额。在分析业绩来源时，会员续课一定是第一关键目标。

我们可以将老会员的续课目标进一步分解到老师的日常工作中，以确保目标完成。第二个业绩来源是新生报名，需要分析来自转介绍、引流与市场合作等业绩来源。其他的来源可以根据具体项目进行业绩目标分解。

整体目标分解示范：

营业额拆分						
序号	项目名称	课程价格（中值）	招生目标	年报单数	单项业绩	备注
1	老会员					
2	新会员					
3	托班					
4	游泳					
					总营业额	

（4）选择适合的绩效管理方式，制定制度与工作流程

老板最该干的事情之一就是确定行为规范与工作流程，并确保每个员工都能按照规范与流程执行与实施。

制度是规范，流程是步骤，两者缺一不可。我们的企业是小微型企业，在没有人力资源管理经验的前提下，这部分的内容就需要通过自我学习、听课以及找专业的咨询公司协助进行。没有一套放之四海而皆准的制度，也没有一套放之四海而皆通用的流程，因此老板必须重视这项工作，及时学习、及时调整。

具体的制度与流程的选择、制定、调整方式会在后面的章节中进行详细讲述。

（5）及时发现与解决团队中的问题

发现问题与解决问题是每个管理者应必备的能力。发现问题后，不容忍问题是态度，解决问题是行为。每个问题的出现都会带有信号性，提醒着我们有的地方需要改进。当人员紧张、新老师较多时，我们就要

在备课、演练和接待流程与服务上投入更多的精力，保证家长对课程和服务满意；当人员紧张、新人多时，企业文化和团队关怀更加重要，我们要花精力关注每个成员的成长，从而稳定团队；当老教师居多时，我们就要把精力主要放在拓展新客户上，鼓励老教师服务好客户，确保出勤、消课与转介绍的目标完成。

当问题出现在业绩上时，需进一步分析客户引流、社群裂变、转介绍率、成交率等方面，看哪个环节出现了问题，与此同时制定解决方案，逐步解决问题。当发现客户转介绍率低时，就需关注课程质量，建立教师评价体系，和家长进行点对点沟通，征询家长意见，消除客怨，做好口碑；如果发现转介绍率[1]很高，而转介绍成功率很低时，就需分析老师的销售沟通流程、销售专业程度、沟通技巧等弱项，不断进行销售与沟通演练，痛点、抗拒点演练，帮助老师调节营销心态。遇事冷静，用智慧化解，困难就会成为成长的契机。

（6）不断学习、拓宽眼界，观察市场与政策方向

了解新的市场动态，参加行业内线上线下全体系交流，参与新课程的甄选以及进行新模式、新思路的探讨，这才是老板该做的事情。忙碌、没时间、等等再说都是借口，拒绝学习会把自己拴在井底而不自知，最终只能默默咽下苦水。

想要机构能走得更稳健、更长远，自己就必须走得多、见得多、听

---

1 转介绍率 = 老客户总数 ÷ 老客户转介绍人数 ×100％（转介绍率反应的是客户的满意度与客户为口碑做宣传的意愿度）。
转介绍成功率 = 转介绍成功报课人数 ÷ 历史转介绍人数总量 ×100％（反映园所的实际销售水平）。
月转介绍率 = 本月新增客户转介绍人数 ÷ 本月新增客户人数 ×100％（反映我们对新客户信赖感的建立情况）。月转介绍成功率 = 本月转介绍成功报名人数 ÷ 本月转介绍人数 ×100％（反映本月营销活动对转介绍用户吸引力以及园所销售水平）。

得多、学得多。这样才能了解优秀的教育机构是如何运营的，自己欠缺与需要调整的地方在哪里，才能更加精准地找到机构的问题，从而带领团队真正走上可持续盈利的道路。

既然当了老板，就该做老板应该做的事情，哪怕是不擅长、不喜欢的事情。避开能力陷阱，找到自己应该做的事情，学习并不断练习，是选择老板之路的责任。没有人天生就会做老板，但只要肯做，就会离成功更近一步。

反思与作业：

1. 梳理自己一天的工作内容，看一看哪些工作是应该做的，哪些工作是喜欢做的，哪些工作是不得不做的。

2. 列出目前最应该做的几件事情，列好时间节点与目标。

3

谈钱不伤感情

很多人投资教育机构往往出于情怀，在与客户和员工谈钱时，会感到不好意思。很多投资人对员工掏心掏肺，生病了给买补品，家里出事儿了帮着凑钱，却发现员工在谈涨工资时毫不顾忌彼此间的感情。投资人生气又伤心，觉得员工简直是"白眼狼"。

事实真的如此吗？

工资是员工最基本的生活保障。教育机构门槛不高，从业者收入并不高，他们希望可以赚钱养家、改善生活条件、给孩子和老人更好的生活。这有什么错呢？

我认为，对金钱有欲望的员工是好员工，因为他们有目标，对生活品质有要求。作为投资人和管理者，我们应该为员工指出一条清晰的赚钱途径。帮助员工成长，一定包括财富增长，否则就是"耍流氓"。

靖老师是一家早教中心的投资人。她发现一位新入职的任课老师各方面的素质和能力都不错，为人也很踏实，学习也十分用心。于是靖老师就让这位新员工参加了一个为期 20 天的课程培训。培训效果很好，这位新老师工作状态提升了很多，家长和孩子们对她的认可度也很高。

靖老师感到很欣慰，觉得自己培养对了人。可是，这位新老师却在这时提出增加课时费。这让靖老师心里很不舒服，觉得自己花了很多钱送她去培训，她却不知恩图报。

这位新老师有错吗？她努力学习、工作，希望多挣些钱，这似乎合情合理。她会想："家长和孩子都很喜欢我，这证明我讲课讲得好，证明我的价值提高了。而且，每节课园所收入100多块钱，我上一节课才赚几块钱，我要求涨点课时费也没错。"

在任何企业中，员工要求涨工资都是普遍现象。对员工来说，上班就是为了挣钱和学习，学习也是为了挣更多钱。而且，员工通常会本能地认为公司的项目很赚钱，钱大部分被老板赚走了。

作为老板，一定要大大方方同员工谈钱。不仅要让员工明白公司的各项成本，更要让员工明白他们自身的价值。如果做不到这一点，彼此间会一直有一层隔膜，随时可能让彼此陷入尴尬的境地。

在靖老师与这位新老师的故事中，若双方都消化掉不满的情绪，很可能会使沟通变成有利于彼此成长的契机。让我们来看看下面的对话。

靖老师："王老师，我看到你昨天的留言了，你觉得现在认可你的家长和孩子越来越多，希望可以涨一些课时费证明你的价值提高了，对吗？"

王老师："是的，我觉得经过培训我成长了很多，而且越来越喜欢这份工作，孩子们的反馈也很好，我希望多挣点钱。"

靖老师："你希望多挣钱是好事，说明你在意结果，有目标，希望在这个行业有所发展。我在那么多人里选了你去参加培训，我没看错人，觉得非常值得，你一定也不会让我失望的，对吗？"

王老师："嗯，我很感谢您为我提供学习的机会。"

靖老师："那我们一起来看一下咱们机构的教师晋升的绩效标准。目前来看，你在第1、3、4项上的考核是很不错的，但如果你想提高课时费，根据薪酬制度规定，你的绩效考评需要升一个级别。我们看一下你晋升一个级别还需要提高哪些能力，可以吗？"

王老师："我们这么小的机构，还要遵守这样的规定吗？家长和孩子都喜欢我的课程不就可以了吗？"

靖老师："你说得非常对，我们的机构目前还是小微型的，但这只是开始。我的目标绝不是经营这一家小机构，而是希望咱们机构能成为当地最好的早教品牌，我计划在两年内开两家分店。因此，这就要求机构有完善的制度和流程标准，这样你也会更有目标和动力，也会更有安全感，对不对？如果我今天看谁好就给涨两百，明天看谁不顺眼就扣一百，机构要如何发展呢？你刚刚进入职场不久，我特别喜欢你身上这股自信劲儿，你绝对有前途，但你现在还缺乏职场的经验和对整体格局的规划与认知。我们一起讨论讨论，你愿意吗？"

王老师："当然，谢谢您愿意教我。"

靖老师："你现在是一个老师，你思考薪资的出发点是你的工作能力，对吧？咱们换位思考一下，你猜猜咱们这家看起来很小的机构，开门一天的成本是多少，我们需要收入多少才能赚钱呢？"

王老师："还真没想过，我觉得每个月的成本应该有一两万吧。"

靖老师："你想听听真实的财务数据吗？"

王老师："如果您愿意告诉我，我当然愿意听。"

靖老师把真实数据告诉了王老师，也告诉了她这次培训花费的费用和精力。

王老师："对不起，我之前只从个人的角度出发思考问题了，觉得自己收入不多，希望靠自己努力多赚钱。其实我的能力还有很多不足的地方，还需要提高。"

靖老师："不会啊，我喜欢你的坦诚，咱们这样进行交流很好。至少我知道你想要什么，我们一起往什么方向努力。刚才我们分析过你在第1、3、4项表现不错，那么接下来你需要重点提高其他几方面的能力。咱们一般是一年进行一次评级，如果你非常努力，也会破格提前对你进行考评。"

王老师："那太好了，我会努力的。"

靖老师："我希望让你们多挣钱，我现在和你分享一下怎样赚更多的钱。其实除了讲课，你还可以做些销售的工作。你看，现在家长喜欢你，对你很满意，你可以分析近三个月内到期的客户有哪些，跟他们聊聊续课的事，然后请喜欢你的这些家长帮你做些转介绍，销售提成可是上不封顶哦！"

王老师："我是新人，对销售不太有信心，但我想试试。"

靖老师："好啊，我会随时协助你的。咱们分析一下你班里的会员吧。"

…………

换个角度看问题，换一种思路处理问题，不仅能使眼前问题得以解决，还能让我们和新员工的心离得更近。

有的投资人可能会说，在现实中就会遇到自视清高的人，不给涨课时费就要离职。那么如果真的到了如此境地，也无须纠结，跟老师进行最后一次深度沟通，按照试用期合同、培训协议以及劳动合同的相关规定进行处理。

作为投资人，我们要准确判断员工的能力并给予相匹配的薪资，用涨薪来认可员工的成长和价值。如果员工的能力真的很高，那我们就应该给予员工匹配的收入。钱不是省出来的，而是赚出来的。如果员工长期拿到的薪资远远低于自己实际的价值，那无论是员工自身的动力还是对机构的贡献度都会变差，久而久之他们也会对机构失去信心、另谋出路。在薪酬体系中设置与薪资相关的绩效考核制度是绝对不能少的。我们会在后面的章节中进行讲解。

在上面的故事中，靖老师和王老师通过最后的深度沟通，彼此真正敞开了心扉，一场有关涨薪的闹剧也到此结束。三个月后，王老师通过了绩效评级考核，不仅享受更高一级的薪资和课时费，还拿到了业绩第二名的好成绩，收入提升了很多。

反思与作业：

1. 请回忆，你有没有经历过靖老师的故事呢？你是如何处理的？
2. 写下你对金钱的三个观念。

4

给团队成员严厉的爱

我认识这样一个投资人，她对教育行业满怀热忱，为了园所能更好发展下去，她本着奉献精神，用心对待每一个员工。逢年过节都给员工准备小礼物，员工有了困难她也热心帮忙。但她的一番热忱并没有激发员工的战斗力，反而让员工产生了一种错觉：你对我好，说明我优秀、我不可或缺，你是有求于我。

不仅没收获感恩，还有几个员工要求涨工资，不然就集体离职。这位投资人十分寒心，并向我诉苦。

从这个投资人身上，我看到了自己刚刚创业时的影子。那时，我也充满了激情，对任何人都怀有善意。久而久之，别人就认为我软弱且没有原则。在一次次栽跟头又爬起来的过程中，我逐渐悟出来：要想让团队成长，就不能掩盖问题。作为领导者，应为员工营造安全、透明的成长环境，不能回避矛盾，也不害怕冲突。所以，在经营管理中，"严厉"不是贬义词，适当的"发飙"也是必要的。

现在的我，经常被员工吐槽"爱发飙"，有些"发飙"的动作还被小伙伴做成了表情包。奇怪的是，"发飙"不仅没有让员工的自信心受挫、情绪低落，还带动了更强的创造力和凝聚力。

不过，"发飙"是为了表明立场，让员工知道端正工作态度的重要性，且不可让自己的情绪积累和情绪泛化，一不高兴了就训人。

我们要掌握"发飙"的艺术——在处理掉自己的情绪后，利用"发飙"的语境，让自己传递的内容更有力量，以达到帮助员工成长的目的。

我接触的投资人中，徐老师的"发飙"是最有艺术的。对于犯错的员工，她不会简单地批评，而是在一种坚定的语气中，表达着对员工成长的关注。她另类管理的绝妙之法帮助很多同行走出了困境。对于惩罚，她也有着不俗的认知。她的经典语录就是："老板靠扣钱是发不了财的。"

的确，惩罚容易让员工产生对抗情绪，但徐老师的"惩罚"就很有水平，效果还十分显著。

教育机构大都有规定，上班期间不能随意吃东西，尤其是瓜子、韭菜馅包子、榴梿这类食物。一天下午，徐老师的一位员工在办公室里嗑起了瓜子，正好被回来拿东西的徐老师撞个正着。为了遏止这样的风气，徐老师不动声色地出门买了五斤瓜子，放在这位员工面前，说："看来你下午也没有太多工作，我索性多买点，这五斤瓜子送你，你什么时候嗑完什么时候回家，我就在旁边陪着你。"

这位员工慌忙认错，但徐老师丝毫没有妥协的意思，对方只好硬着头皮嗑起了瓜子。一小时过去了，徐老师问她："关于咱们园所的卫生规定，你现在怎么看？"对方早已口干舌燥，但不好意思喝水，只能压着嗓子回答问题。她说，自己终于明白了为什么不能在办公区域吃零食。

徐老师让她放下瓜子，说："你可能觉得我在惩罚你，是的，因为我想让你知道，只有自律的人才能够有进步。自律不是给别人看的，而是帮助你自己成为更优秀的人。"徐老师收拾了剩下的瓜子，"剩下的就带回家吧，当作纪念。忘了告诉你，其实我也喜欢嗑瓜子，有时间下班来我家一起聊天、嗑瓜子吧。"

其实，我接触过成百上千的教育机构创业者，他们大多都是内心柔软且充满爱的，对团队成员的爱更是溢于言表。但是，爱的方式却有很多种。有的管理者对员工无限溺爱，工作上也是各种妥协，制度形同虚设。久而久之，员工会越来越拖沓，整日在浑浑噩噩中过日子。软弱的爱，只会成为职业发展的绊脚石。

让爱成为发展的力量，就要给团队成员"严厉"的爱。我们给员工的最好的礼物就是成就他们，给他们奋斗的机会，帮助他们获得力量、提升能力、实现梦想。我们应为团队营造透明的工作氛围，让大家以开放的心态看待自身缺点，这将会帮助他们更好地成就自己。

作为团队的领导者，我们除了让员工赚到钱，还要帮助他们找到价值感、成就感。14年前，第一波跟我上早教的孩子，他们如今都快初中毕业了。做家长回访的时候，我发现曾经在孩子心里种下的种子，已经生根发芽、枝繁叶茂，这才是教育工作的真正意义。

反思与作业：

1. 回忆最近的一次"发飙"的经历，描述具体过程，是针对的人，还是针对的事儿？

2. 对自己的脾气制定一个调整的目标。

5

学会数据管理，轻轻松松做老板

在早幼教行业，做得轻松的投资人不多，做得轻松同时又赚很多钱的少之又少，而能将一家店逐步扩张到几家直营店的更是凤毛麟角。周老师就是这样的"凤毛麟角"。她大学毕业就进入教育行业，十年前就投身早教领域，现在的她与合伙人创立了新品牌，管理着五家盈利颇丰的园所。不仅事业有成，还有大把的时间陪孩子和家人，真是让同行们羡慕不已。

很多人好奇，自己经营一家店都累得要死，周老师是如何轻松驾驭五家呢？

周老师能轻松且有效管理团队的秘密就是数据化管理。周老师经常在全国各地奔波，不能常去店里，但在每家店都培养了非常优秀的店长，每天与五位店长开晨会，通过电话沟通每日工作安排，布置相关任务，并通过数据跟踪工作进度。除处理一些突发的事件外，周老师的主要工作就是看数据、报表，根据数据反馈的信息给出新的指令，找出问题，就店长提出的解决方案进行决策。由于做好了数据管理，她彻底不再被琐事所累。这才是每个创业人"梦想"的生活吧。

数据管理真的有用吗？

在古代，经商人家的"大东家"一般不会亲自管理每个店铺，而是选出"掌柜"，来管理具体的事务。掌柜都要记三本账，一本是流水账，一本是存货账，一本是总账。大东家从账目上就能看到店铺的经营情况。掌柜会比对流水看看最近什么货物卖得好，再看看存货账，确认是否需要添货。

总账本记载着每天的收入和支出情况，掌柜会在年底盘算利润，给自己和伙计算好提成后，向大东家报账。这其实就是一种最早的数据管理。

今天的投资人，也看好这三笔账，从中了解企业的经营状况，并通过分析数据，可以找出经营中存在的问题。

作为早幼教行业的投资人，我们要关注的数据有很多。

从整体运营来看，我们要关注投资成本与回收期核算，投资成本与运营成本，盈利率，教室使用率，业绩目标与分解数据等。

从日常经营来看，我们要关注家长满意度、出勤率、消课率、续课率与转介绍率；分析团队成员的销售水平要看成交率，而在统计成交率时，也要仔细分析试听课成交率、后期追单的成交率等。

除此之外，还要关注打电话量、承诺访问量、实际到店量等一系列数据。这些数据均能反映出机构经营与管理中的实际问题。

工作日报、周报的目的是数据分析

许多员工将写工作日报、周报视为简单的汇报工作，其实不然。作为老板，我们要让员工明白，写日报、周报的最重要的目的是进行数据分析。先来看下日报。

XX 机 构 日 报

机构　　　姓名　　　　　　　　日期　　　　　　　　星期

	序号	计划事项		事件分类	完成情况
今日计划	1	电话量	诺访量	重要且紧急	实际到访量
	2	采单量	加微信	重要不紧急	成交量
	3	客户维护	转介绍	紧急不重要	
	4	店内消课　节	入户课　　节		实际消课总数
	5	线上课　节	户外课　　节		
	6				
	7				

	序号	临时事项	事项类别	完成情况
今日临时事项	1			
	2			
	3			

	序号			
工作自检	1	今日学习		
	2	今日反省		
	3	改进方法		

心态管理评分	以下各项做到10分，未做到0分				
	认真　　分	坚守承诺　　分	速度　　分	乐观　　分	自信　　分
	保证完成任务　　分	爱与奉献　　分	不找借口　　分	团队合作　　分	

	序号	工作计划	事项类别	其他
明日工作计划	1			
	2			
	3			
	4			

今日事今日毕

今日计划

首先，要求员工客观描述当日的主要工作内容。老师围绕备课、上课，与家长沟通情况、出勤率、应出勤未出勤原因、消课数量，今日有无续课、有无转介绍等内容进行描述；顾问围绕地推、采单、电话邀约、进店谈单等内容进行描述；行政围绕前台服务、卫生质量、物品采购、数据统计与核算等内容进行描述。通过看员工写的日报，我们很容易看出员工工作量的饱和度、执行力与工作效果，也就能及时发现问题、解决问题。当发现员工日报中的数据发生变化，或对其工作内容有质疑时，只需就日报内容进行沟通即可。若写日报流于形式，也就不必让员工写了。

今日临时事项

所有的工作都按照原计划开展是不大可能的。尤其在服务类的机构中，每日都会有突发事件。在教育机构中，需要人与人协同完成的工作事项很多，而且领导还会安排给员工其他工作。有的员工抱怨总是处理与自己的计划无关的事情，导致原定计划无法开展。因此，让员工记录、反馈当日临时事项是非常必要的。通过观察临时工作事项，我们可以更全面地掌握今日的特殊事情，并给予关注。如果发现每个员工需要做的临时事项都非常多，那我们就要重新梳理工作流程与工作计划。

明日工作计划

要求员工提前做好明日工作计划的同时，也要要求自己和其他管理者在睡前清晰计划好次日的工作任务。每天花一点时间做个合理的计划安排，比第二天匆匆忙忙没有头绪去行动要节省很多时间。而且，让员工根据项目进度自主安排次日工作任务，既能激发员工工作主动性，也能使我们及时发现工作的执行程度，并协助调整。明日计划的内容汇总就是明日晨会的内容，提前梳理好也会避免开无效的晨会。

大家可以参考上页的日报格式与内容，并根据机构情况修改。

周报中的关键核心板块

相对日报来说，周报更能反映出员工一个阶段的工作情况和完成进度。作为机构负责人，每周要统计周报中的关键数据，并从数据中找出问题，解决问题。若员工较多，可以要求员工将自己的周报提交给主管。

在销售方面，需要关注本周业绩目标与完成情况，引流客户数量、电话量、到访量、入户量、成交量以及待跟进客户数量。如图：

销售	本月业绩目标			
	本月业绩已完成			
	本周业绩目标			
	本周业绩已完成			
	本周引流客户量	数量：	本月目标完成比例：	
	本月累计引流数	数量：	本月累计目标完成比例：	
	本周电话量	数量：	本周目标完成比例：	本月累计目标完成比例：
	本周到访量	数量：	本周目标完成比例：	本月累计目标完成比例：
	本周入户量	数量：	本周目标完成比例：	本月累计目标完成比例：
	本周成交量	数量： 金额：	类型描述：	
	待跟进客户（名单）			
	需解决的销售问题			

除了关注销售数据，也要关注市场资源的拓展情况，这是保证销售业绩完成的基础。因此，统计市场方面的数据也非常重要。如图：

市场客户资源	线上社群	社群数量　个	社群类型	总人数　人	加私信人数　人
		沟通人数　人	导流人数　人	清理人数　人	转化人数　人
	自检社群管理工作评价	公告管理评价（持续度、准时性、完整性）：□非常好　□一般　□不好			
		社群分享评价（计划性、执行性、效果性）：□非常好　□一般　□不好			
		非官方信息条目：　□非常好　□一般　□不好			
		社群活动　次	参与人数：		
		社群活跃度	□非常好　□一般　□不好		
	社群改进方案				
	线下地推	地推方式描述：	地推效果评价：	采单人数　人	加微信　人
	异业合作	异业活动方式类型：	异业活动品牌推广效果：	异业活动参与人数：人	异业活动引流人数：人
		异业活动改进方案：			
		本周新增洽谈商家和合作方向描述：			
	转介绍	转介绍　人	转介绍成功转化　人	转介率：　%	转介绍成功率　%

很多创业者重视对销售业绩进行数据跟踪，而往往忽视了出勤、消课、续课、转介绍等数据。从表面上看，这些数据与本月业绩无必要关联，但这些数据其实关系到家长的满意度和黏合度。在周报中，还要体现对请假、投诉、潜在雷区客户以及退费的客户进行分析。忽视这些数据很有可能造成会员满意度下降，给机构积累非常多的风险隐患。如图：

教学&消课	消课目标							
	消课计划	线下：	节	线上： 节 训练营： 节		户外课：	节	入户课： 节
	本周实际消课	数量：				目标完成比例：		
	复课情况	早教：	人	复课比例：	%	托班：	人	
	复课准备	老会员电话回访情况：						
		老师备课情况：						
		老师排课情况：						
	需协助解决的问题							

有关行政岗位的工作也需要进行梳理，如图：

行政日常	园所卫生消毒	
	入园孩子健康检测	
	制度执行	
	需与其他部门配合的工作	

最后，要求员工在写周报时，汇总好与自己工作相关的数据，尽量在半小时内写完周报。汇报完本周工作后，做好下周的工作计划。这样才能使汇报工作发挥真正的作用。如图：

下周工作计划									
销售计划	业绩目标								
	引流客户量								
	电话量								
	入户量								
	到访量								
	成交量								
	客户跟进计划								
	需调整的问题								
活动计划	促销计划								
	社群活动计划								
	户外活动计划								
	线上活动计划								
	地推计划								
	店内活动计划								
	异业活动计划								
	老会员沟通计划								
教学&消课	消课目标								
	消课计划	线下：	节	线上： 节 训练营： 节		户外课：	节	入户课：	节
	需调整的问题								
行政日常	园所卫生消毒								
	入园孩子健康检测								
	制度执行								
	需与其他部门配合的工作								

上面提供了日报和周报的填写格式，大家一定要根据自己机构的实际情况制定表格。很多员工对写日报和周报是排斥的，觉得浪费时间又没用。殊不知，写日报和周报是在对自己的工作进行梳理和总结，是每一个职场人都不能忽略的部分。就像我们建议很多人要学会写晨间日记一样，这是一种生活态度与方式，它可以帮助我们告别一团乱麻又毫无成效的工作与生活方式。熟练后，每天整理日报的时间不会超过五分钟，整理周报也最多不会超过半个小时。如果连自己干了什么都想不起来，需要花很长时间写日报、周报，那说明工作毫无逻辑且效率低下。写日报和周报不是为了让员工表忠心、谈情感，只是让他们客观地进行工作总结，根据数据分析并安排下一步的计划。

做好业绩目标的制定与分解

在很多机构，会发生这样的情况：在每个月初定任务，但后面就不再提了。我问投资人为什么不提，说因为任务完不成；我问为什么完不成，说目标定得太高了；我问为什么定这么高，说因为成本太高；我又问运营成本多少、投资成本多少、预计回收时间多久，说不知道……我感到心凉凉的，竟无言以对。

如何计算运营成本、投资成本，如何制定营业额和消课的T1、T2、T3目标值，在第一章的第六小节有清晰的说明，大家可以再看一遍。那么，如何把全年的业绩目标合理地分配到每个月中呢？将业绩进行平均分配显然是不合理的拆解方法。

我们要根据活动的规划、当地气候、市场淡旺季的客观情况，来为不同月份制定不同的业绩目标。按传统来说，教育机构的旺季往往在3月、4月、5月、9月、10月，随着天气变热、变冷，业绩会逐渐下降。但近几年，受电商活动影响，6月、11月、12月也变成了营销重大活动月，我们可以跟着蹭热度。

而在7月和8月，可以创办暑期班、幼儿园过渡班，使业绩增长。连在通常被认为绝对淡季的1月和2月，只要做好活动计划，都能以闹新春为主题进行招生活动。

很多创业者在定完了全年目标后，就等着目标每个月自动完成。想起来目标还未完成就赶紧做个活动，想不起来就耗过去了，这样只能以失望收场。制定业绩目标时，一定要策划相应的活动来配合业绩完成。活动类别分为品牌宣传与异业合作、引流裂变、客户服务、成交促销。

2021年度工作计划							
	T1	T2	T3	实际	品宣宣传与异业合作	引流类	服务类	成交类
					拓展品牌知名度与异业合作,造势宣传目的。	当发现储备客户不够的时候,及时进行引流活动,可采取社群、地推、采单、团购等方式,引流人数指的是最有效的客户名单。	针对会员的服务活动,包括但不限于定期的测评、会员生日会、各种节日类的活动等。	当月安排的父母课堂、公开课、试听课、成交活动等。
一月								
二月								
三月								
四月								
五月								
六月								
七月								
八月								
九月								
十月								
十一月								
十二月								
全年总额								

  全年的业绩目标、目标拆解以及相应的活动方案并不是一成不变的,我们要根据每个月实际的业绩完成情况、市场的变化、新资源的整合情况,随时进行调整。四个类别的活动也不是必须在每个月都举行,如在潜在客户数量多的情况下,就可以不进行引流活动,引流太多无法及时消化反而会影响效果。就像举办一场 500 人的引流活动未必比举办一场 80 人的引流活动更有效果,举办一场 80 人的引流活动,可能更有针对性。500 人的大群可能并不是真正的社群,100 人左右的社群才更好进行管理,拉新、存留、激活才能使活动开展得更加顺利。

  业绩分解到这里还没有结束。当制定好团队每月的业绩目标后,要进一步将目标任务细分到机构的每个员工身上,也要把潜在客户名单写在分解表上。如果老师不参与销售,也要让他们通过续课、转介绍来完成自己的业绩。当然,我们不能以压制、扣钱的方式逼着老师参与销售,而要通过引导、鼓励、演练、尝试的过程让老师感受到在销售过程中的成就感与收入提高的幸福感。

业绩月度分解表												制表日期	
部门	备注	业绩分解	潜在目标分析	过程实施目标					需要支持			费用预算	结果统计	负责人
				地推/周	吸粉/天	转介绍量/月	电话量/天	进店/周	引流活动	促销活动	服务活动			
总业绩														
销售部														
教学部														
托班部														

管理好消课数据，做真正盈利园所

相对于零售类行业来说，教育行业的盈利模式比较特殊，是预付费的商业模式。如果说一家超市的盈利模式是销售型的，教育培训行业的盈利模式就是消课型的，家长给孩子报课的模式无论是课时包还是时效卡，本质上都是一种储蓄和预付费，课程没有消耗掉就相当于家长把钱存在这里没有花，我们依然有很大的负债风险。因此，在统计每月月报的相关数据时，不要仅仅关注销售额。只要没有消课，课程就有可能被退掉，这些销售额就还是负债。

我认识的一位老板，因为机构业绩不好，就找了一个能让业绩倍增的团队协助做业绩，效果非常好，活动收单达到了100万元。团队士气大增，员工也通过这次活动挣到了很多提成。老板满心欢喜，以为万事大吉，今年赚得盆满钵满，不用太管机构了。从第二个月开始，连续两个月业绩为零，更可怕的是，活动时收进来将近80个新生，但根本无法为他们排课。会员投诉越来越多，有些冲动消费的家长提出退费。

在营销活动上收入的100万营业额并不是真正的收入，从财务上来讲只算是预收款。只有家长把预缴的课程费用消耗完毕，才变成了机构真正的收入，才能计入利润。这就是机构营业额逐年增加，但最后还是不赚钱的原因，真正的盈利只能通过消课的收入来实现。我们要做一个真正盈利的机构，就要把眼光和精力转向消课。当家长给孩子报名后，要想办法引导家长坚持让孩子上课、尽快完成消课。这样不仅会使业绩真正增加，还会让更多家长看到孩子上课的效果，从而增加家长与机构的黏合度，进而提高续课与转介绍率。

在做数据管理时，要统计的数据有出勤率、消课节数、消课金额、消课率、负债金额，还要对这些数据进行分析与调整。将出勤率与教师课时费挂钩将会鼓励老师加强跟家长的沟通工作；通过看消课率，可以了解机构的负债情况；月消课金额才是机构月度真正的收入金额，一般来说月消课金额应该至少达到营业额的 80% 以上；哪怕再不愿意碰触，每个月都要统计出截至月底的负债金额，并做好下月的消课计划。除了在日常通过为家长做好服务、提高教学质量、增加课程种类来提高消课水平外，也可以多进行消课活动等方式，让机构真正盈利。一旦机构消课出现问题就会引发连锁反应，再拼命搞营销活动也无法根治问题。当债台高筑，危机显现时，会陷入连关门都关不掉、破产也破不了的结局。不管你多不愿意，请永远不要忘记每个月看看没有消耗掉的课时数据。

除了关注上述数据外，如果想更好地判断每次活动的效果，可以设计好相应的表格进行数据统计。例如做活动数据表、社群数据表、微课参与数据表等。

反思与作业：
1.制定好机构的日报与周报格式，开始尝试执行。
2.计算目前企业的消课情况与负债金额，并制定相应的应对与解决方案。

6

时间管理让你活得更轻松

时间不够用，似乎是每个创业者都有的感受。每天忙忙碌碌，没时间陪家人，更别提休闲放松了。如果会魔法，我们恨不得把一天变出来48个小时。

钟老师是一个经营了8年教育机构的投资人，她从只有400多平方米的早教机构做起，后来又投资了一家幼儿园和一家1500平方米的综合教育机构。按理来说，一切按部就班，她本应得心应手，但奇怪的是，钟老师每天非常忙。我跟钟老师的爱人也很熟悉，所以经常接到她爱人的求助电话。

钟老师几乎是个铁人，她有段时间忙着做活动，每天凌晨2点睡觉，早上不到6点就起床了。我开始不大相信，对于睡不够七八个小时就影响情绪的我来说，牺牲睡眠时间很难做到。但当我翻看朋友圈，看到钟老师在凌晨3点，凌晨5点写学习心得时，我蓦然产生了敬佩之心，但也打心底心疼她。在了解了她每日的时间表与工作安排后，我发现钟老师的问题出在了时间管理上。

在我们教育培训行业，像钟老师这样过于劳累的投资者非常多，很多投资者甚至以"熬夜"为荣。问题是只要熬夜就一定能成功吗？很多人即使熬夜了，工作状态也是一团忙乱，不仅工作没有起色，还会伴随一些身体亚健康问题。

其实，时间管理不是要求只管理工作时间，而是管理整个生活状态。老天是公平的，给每个人每天的时间都是 24 小时。如何合理安排时间，提高时间使用效果，在合适的时间做合适的事，这才是我们要思考和学习的。

"时间都去哪了"

（1）时间浪费在"想起一出是一出"的无计划上

这是我见到的最普遍的时间管理问题。很多投资人没有计划，没有想法，没有思路。今天听说一种宣传方案很好，也不思考是否适合自己，就赶紧模仿，甚至连海报都生搬硬套。明天看另一个同行活动做得不错，也不过脑子，就要来方案执行，最后活动效果不好又唉声叹气、指责抱怨。无规划、无目标、无分析、无步骤，稍微想了一下就做。时间就这样浪费了。

（2）时间浪费在自己跟自己纠结的内耗上

有一种经历我相信每个人都有，总觉得很忙、很累，仔细想想，又觉得没做什么，好像也没有什么结果。

时间到底跑到哪里去了？其实是被情绪偷走了。焦虑、愤怒、迷茫、害怕、愧疚等负面情绪，会在我们一不留神的时候"偷走"我们大量的能量。

（3）时间浪费在"自说自话"的无效沟通上

在工作中，无效沟通也非常浪费时间。

在早幼教机构中，有一种"自说自话"式的工作安排。领导者说得口若悬河，员工拿笔记得认认真真。而检查执行结果的时候，却发现员工记得却"驴唇不对马嘴"。领导一遍一遍说，员工一遍一遍错，时间就这样浪费了。

（4）时间浪费在分散的注意力上

创业初期诸事繁杂，投资人往往无法集中注意力做一件事情。正写着方案呢，又要去处理一件紧急的事情；正看着数据报表时，又有员工闹情绪需要去处理；最后只好熬夜写方案，殊不知熬夜伤脑，睡眠缺乏更容易导致注意力不集中，从而陷入恶性循环。长此以往，注意力更无法集中，思考与工作效率也会大大下降。

（5）时间浪费在本能逃避事情上

美国管理学家史蒂芬·柯维在《要事第一》这本书中提出了时间管理矩阵理论，受到很多人的欢迎。

根据上图我们可以把要做的工作分为四类：重要且紧急、重要不紧急、紧急但不重要、不重要不紧急的。我们都知道，需要优先处理的肯定是重要且紧急的事情，其次处理重要不紧急的。但真实情况往往是，我们在工作中总会受到他人的催促，去处理一些突发状况以及马上到时间节点的任务。也就是说，我们会本能优先处理紧急但不重要的事情，导致重要不紧急的事情被搁置。

除此之外，很多投资人的时间管理矩阵上还有两个新的系数——兴趣和情绪，而且这两个系数的等级要远远高于重要和紧急两个系数。

大多数人在工作中会优先选择做自己感兴趣的事情。比如有的投资人擅长做课程研发，就喜欢每天花费大量时间研发课程、调优课程以及挖掘课程引入渠道，而往往忽略了最应该做的事情。没有好好做活动策划，没有分析客户，没有细致分解任务，愣是硬着头皮把活动搞完。结果活动效果不好，业绩没完成，便抱怨为什么总是完不成任务。原因就在于没有做好时间管理，没找到或没做重要且紧急的事情，而是任由兴趣与情绪来左右工作计划。

掌握时间的要点

"一寸光阴一寸金，寸金难买寸光阴"，作为管理者，我们一定要掌握住自己的时间，管理好自己的时间。

（1）定期记录与自查时间使用情况

许多有效管理时间的人都保持着做时间记录的习惯，每月定期拿出来做检讨，至少也会以连续一个星期为一个时段，每天记录，一年记录2-3个时段，以进行更好的自我检讨。通过做时间记录，我们会发现很多时间都消耗在了毫无作用的小事情上。

做好时间管理的第一步，是先制定一个定期自查的时间管理表。可以把每个小时的时间分为一个时段，然后每天记录自己在每个小时都做了哪些事，解决了哪些问题。注意，不要只记录与工作相关的事情，也要记录与工作无关的事情，比如买了一杯咖啡、追了一集肥皂剧、打了个瞌睡……这个表格我们只交给自己用作自查，所以一定不要欺骗自己。

管理者也可以建议员工做好时间记录，从而与员工一起讨论时间管理问题，以提高时间利用效率。

时间管理自查表　　　　　日期：

时间	事项记录	重要级别 A/B/C	时间调整方案
7:00—8:00			
8:00—9:00			
9:00—10:00			
10:00—11:00			
11:00—12:00			
12:00—13:00			
13:00—14:00			
14:00—15:00			
15:00—16:00			
16:00—17:00			
17:00—18:00			
……			

（2）做好时间整理和时间规划

做完时间记录后，还要分析自己的时间管理问题，从而督促自己改进。接下来，将次日必须要完成的工作按照重要优先级和时间优先级进行梳理。有的工作是我们必须在某个时间节点前完成的，有的工作是我们必须在一天内完成的，所以在同样重要的情况下，要按照时间优先级处理工作。在写明日工作计划时，要把任务按照优先级写好。

	序号	工作计划	事项类别	其他
明日工作计划	1			
	2			
	3			
	4			
	5			

接下来，我们可以将事项类别一栏拆分为重要和紧急两个表格，并将事情按照 A/B/C 三个重要级别分类。优先处理 A 类事项，再处理 B 类事项，最后处理 C 类事项，在都重要的基础上先解决紧急问题。针对紧急但不重要的问题，我们可以将工作安排下去，由其他员工代为完成，不一定凡事亲力亲为。

在做活动与项目计划时，可以使用单项项目进度表。其中设置内容描述、负责人、配合与协调人、监督人、执行标准、完成时间、备注等栏目，便于大家清晰了解项目每个环节的执行标准与进度，更高效地完成任务。

(3) 根治时间浪费问题，将时间利用得更高效

要根治时间浪费问题，就要自查总在哪些项目、事件上浪费时间。通过制定制度、规定流程、强调配合对时间进行控制和管理。有时在前期多花一些时间梳理标准与流程，会为后期的工作展开节省大量的时间。比如有的投资人会纠结让不让新员工参加培训，总担心花了钱但没留住

人，却没有想过不让新员工参加培训，他们在工作中一点点摸索的时间成本会更高，还会使新员工难以融入团队氛围。

从创业开始，我就一直在寻找一种最低成本的培训方式，创始了璟舒教育云端教育平台，让系统、全面、专业的培训费用达到了最极致的性价比，让投资人不再有顾虑，并将时间运用在更有价值的地方。

回到钟老师的故事。我让她做了一周的时间记录，通过对时间自查表梳理与分析，我发现她真正有效利用的时间不足 30%。她过于忙碌并不是因为工作内容多，而是工作效率太低。对碎片化时间利用率差，时间安排不合理，导致浪费了很多时间。

我们做了一个时间管理的工作计划，试用了一个月，她终于可以每天睡 7 个小时，工作效果有了明显提升，每天能量满满，精神状态极佳。除了工作，还能拿出时间陪家人、健身、读书、做自己喜欢的事情。钟老师终于明白，时间不是不够用，而是没有利用好。

反思与作业：

1. 想一想自己在一天的工作中，有多少时间有效，多少时间无效。

2. 严格控制会议时间，晨会时间不超过 20 分钟，周会时间不超过 40 分钟。

7

复盘这面照妖镜，让借口无处可藏

　　复盘，围棋术语，也称"复局"，指对局完毕后，复演该盘棋的记录，以检查对局中招法的优劣与得失。下围棋的高手都有复盘的习惯，每次博弈结束以后，双方棋手把刚才的对局再重复一遍，可以有效地加深对弈印象，也可以找出双方攻守的漏洞，是提高下棋水平的好方法。从表面上看，复盘就是把当时下棋的过程重复一遍，从更深的层面上看，复盘能够使下棋双方对彼此的心理活动进行比较全面的把握。

　　对复盘这一方法的应用，已经逐渐延伸到了个人成长、管理运营、项目总结、关系改善、商业投资等更广的范畴中。

　　作为教育机构的投资人，我们也要利用这一方法使机构获得更好发展。当一个项目或一场活动结束后，我们应对其进行回顾，对经验和教训进行总结，将发生的事件和整个流程再客观地呈现一次。

　　如果结果没有达到预期，需要通过复盘，找到问题出现在哪个流程与步骤中，引导团队成员都不带情绪与指责地客观分析。在复盘过程中，大家的思维会不断碰撞，所以会不断激发出新的方案、新的思路、新的思维、新的理论。运用复盘这一方式，既可以使问题充分暴露，又可以对问题进行客观分析，从而能激发员工的内驱力，也能让员工勇于担当责任。

在经营教育机构时，运用的复盘工具并不复杂，让我们来看下。

计划是活动复盘前的基本准备

如果要进行一次复盘，一定要在活动前做好计划，写好预算与效果预期。活动后进行数据分析和总结时，就可以梳理之前的执行步骤有哪些问题，是否顺利进行，在做下一个活动前，应该在哪些方面进行调整，具体步骤如何。若没有做计划，复盘时就没有参照物。

在做活动计划时，至少要添加以下内容：

· 活动目的

· 活动执行方案（品牌宣传、引流、促销方案等）

· 活动执行时间表

· 活动目标（邀约目标、成交目标）

· 活动文案执行

· 活动宣传素材

· 活动人员规划与分工

· 活动奖励政策与动员方式

· 活动所需话术准备与演练（介绍话术、邀约话术、促单话术、抗拒点话术）

· 客户分析以及沟通记录

· 活动突发事件与应急处理方案

· 活动执行记录、业绩统计与检查单

示范：

活动文案执行表格参考

社群活动文案执行表格						
分配工作	分配人员	执行项目			注意事项	备注安排
		用处	发布时间	内容		
宣传文案		活动介绍	——			
		转发通用	——			
		海报文案	——			
朋友圈文案		提前预热	活动前一天9：00	内容+配图	配图可以选择活动海报、相关网图；园所可以自行制作视频，或根据活动找相关好玩又有趣的视频（能二次创作更好）	
			活动前一天11:00	内容+配图		
			活动前一天13：00	内容+视频		
			活动前一天18：00	内容+配图		
			活动前一天20：00	内容+视频		
		时间告知	活动当天9：00	内容+配图	配图可以选择活动海报、相关网图；园所可以自行制作视频，或根据活动找相关好玩又有趣的视频（能二次创作更好）	
			活动当天11：00	内容+配图		
			活动当天13：00	内容+视频		
		活动前渲染	活动当天15：00	内容+配图		
			活动当天18：00	内容+视频		
主持人词		开场词				
		结束语				
		活动流程介绍				
家长沟通话术	(顾问负责)	潜在客户电话沟通话术				
		潜在客户微信沟通话术				
	(教学老师负责)	老会员电话沟通话术				
		老会员微信沟通话术				

做好活动计划方案是一次活动成功的关键，里面的内容缺一不可。千万不要认为只做好促销方案就万事大吉，喊喊口号"加油加油"就会达到目标。每个环节、每个步骤都会对活动效果产生影响。

一场好的活动是环环相扣、步步衔接的，就像下棋一般，一步走错可能满盘皆输。

数据具体化是复盘执行的依据

对活动进行复盘，数据更是非常重要的依据。数据是能够体现活动情况的最好的佐证。

在列目标数据时要尽量具体，比如在分析客户时，要指出老会员有多少，潜在客户有多少，与客户沟通的次数是多少，需要建立关系的冷名单有多少，每日老师、顾问的引流人数是多少。

例如：

·活动目的——是否达到了活动目的？执行过程中是否出现了偏差？

·活动执行方案（品牌宣传、引流、促销方案等）——活动方案是否新颖？促销活动是否吸引家长？

·活动执行时间表——时间节点是否明确？时间节点安排是否合理？有无偏差和遗漏？

·活动目标（邀约目标、成交目标）——是否完成了业绩目标？没有完成的原因是什么？有什么整改规划？（时间调整／流程调整／任务调整）

·活动文案执行——文案是否吸引人？是否具有足够好的宣传效果？文案数量是否充足？

·活动宣传素材——宣传素材是否足够丰富、吸引人？是否起到了良好的宣传目的?

·活动人员规划与分工——每个人是否清晰地知道自己的工作内容与领导的要求？每个人是否都按时按量完成了任务？

·活动奖励政策与动员方式——激励政策是否合理？有没有调动员工的积极性？员工的压力与动力反应如何？

·活动所需话术准备与演练（介绍话术、邀约话术、促单话术、抗拒点话术）——话术内容是否准备充分？是否每人都掌握了？是否简单易用、适用？是否进行了演练与分析？

·客户分析以及沟通记录——是否认真分析了每个客户？是否确认了每个潜在客户都有人跟进？

·活动突发事件与应急处理方案——是否出现了突发事件？处理方式是否及时得当？事件有无不良影响?

·活动执行记录、业绩统计与检查单——每一步执行工作是否到位？每个人是否都检查过细节内容？

示范：

活动复盘总结表参考

根据自评打分，根据分数可知需要整改的内容。

（参考表格见下页）

活动复盘总结表				
活动启动时间		活动题目		
活动持续时间		引流人数		
目标执行情况		成交人数		
请根据实际情况进行活动复盘表格打分，打分规则为1-10分，1分为最低，10分为最高。				
活动内容	分数	详细情况汇报		
提前做好客户分析，将客户分配到人，执行到位	3	客户分析是活动执行的第一步也是最重要的，一定要对每个客户进行客户分析并分配到人，监查执行情况		
活动方案制定完善，并严格执行	3	客户分析完毕后必须进行活动目标制定，根据活动目标制定活动方案，并严格执行，督促到每一步		
制定好时间计划表，并严格执行	8	时间计划复盘无误进入下一步工作		
海报、截图、小视频等准备充分。种类丰富，美观，使用频率高	3	素材是品宣的前提，素材的水准直接影响转化、效果，素材的数量直接影响老师的朋友圈密度以及家长是否打扰		
提前制定好话术（朋友圈、电话话术、微信私信），话术实用性高	3	话术是沟通和标准化的前提，尤其对于新园所新顾问要重点关注话术的作用以及是否实用		
每个执行老师都进行过话术演练	3	话术演练一定不能偷懒和忽略，尤其要监查邀约情况不好的老师的话术情况，勤能补拙		
确认老师话术水平无误，可以对活动、活动内课程，以及奖品、奖励政策讲解清楚，能讲解清楚家长必须参加的原因	3	对于老师话术不止要看话术执行状况，还要对老师对活动的了解，活动课程的了解以及对奖品奖励政策进行询问，保证老师了解		
提前设置好合理的销售目标和奖励政策，并严格执行	4	奖励制定是每个园员工积极性的前提，合理的奖励政策能够更好地调动大家的积极性，如未制定请与缦舒老师沟通复盘		
进行每日业绩统计和唱单，每日分析问题，解决问题	3	我们对于活动问题的反馈应该是每日反馈，而不是活动执行结束后统一反馈，养成动态监查，边反馈边总结的特点		
团队人员斗志高涨，全员销售热情好	3	总结上述哪些环节出现问题，分析员工较低原因，并及时解决，判断是否需要团建		
总体评分	36	复盘活动到人，自检哪个环节出现问题。并提出解决方案		
老师名称	每天朋友圈发布条数	沟通客户数	家长主要问题	老师解决措施
老师A				

如果在每次活动后都将复盘工作做到这种程度，那么我们的执行思路会越来越清晰，计划的内容也会越来越丰富，效果也会越来越明显。这就是复盘的魅力所在，让我们充满理智与智慧，团队充满动力与能量。

不要遗漏任何细节

细节决定成败，这是人人都知道的。每个成功的创业故事背后都是团队成员对一项项工作的死磕。一场活动，一个项目能否执行成功，起到决定性因素的就是细节。复盘工作也是如此，对细节进行分析有可能会使下一次活动效果产生质的飞跃。

有这样一家机构：在一次活动中，进店参加活动的人很多，电话量足够，电话邀约的诺访数量和比率都很正常，但签单率只有13%。根据对以往的数据与经验分析，发现不是老师讲课的问题。之前活动的签单率能达到30%-50%。针对这样的对比结果，我们就应该关注细节，找到真正出问题的地方。比如看看这次的激励政策有没有变化，员工心态、状态如何，对客户的消费分析是否准确，家长进店之前的信赖感建立情况如何，同比时间是否有同行在进行恶性竞争，顾问的话术是否流畅自然，抗拒点应对方案是否充足，促销活动是否让家长动心等。经过分析细节，发现问题出现在两个地方。一是参加引流活动的家长同时也在参加另一家机构的引流活动，家长便有了一种再选选的心态。二是在进行话术准备与话术演练时，没有对家长进店前与其沟通进行频次要求，也没有相关的具体话术技巧方法指导。此次通过异业合作名单邀约的家长较多，没有对客户进行细致分析，很多老师对家长并不熟悉，为了完成到店任务，重点放在了诺访上，却忽略了与家长建立信赖，了解孩子的情况与需求点，提前告知家长促销活动的内容等。导致家长对活动很满意，但是还要再考虑和商量，对报课没有预算与心理准备，导致成交额下降。

通过复盘，团队成员们都知道了邀约进店的诺访人数并不能直接决定成交额，诺访人的质量、信赖度、沟通程度都是决定成交额的要点。这也提醒了在做下次活动前，务必对客户进行细致分析。面对异业合作的客户，可以把邀约到店的时间延长到几周后。有针对性地与客户进行沟通，客户对机构产生信赖感后，再邀约进店，有效性会更高。

每个细节都可能会影响全局，比如没有公示奖励政策，没有开动员会，活动时间跟员工倒休撞到一起，都会影响活动效果。及时、快速调整细节，才能让活动效果更佳，助力达到目标。

客观描述，不带评判地总结问题

永远没有完美到毫无疏漏的活动或者项目执行计划，这也是我们需要复盘的原因。

也许每次活动和项目执行都有些遗憾，可能因为时间关系删掉了精彩环节，因为谈单上的疏漏跑了几单，还可能是因为素材没有准备好……这就要求在复盘过程中，无论是投资人、管理层还是执行的员工，都要客观描述，不带任何感情与情绪色彩。

我们要让自己和团队成员养成倾听的习惯，给每一位成员发言的机会。对任何人的表述都不能妄加评判，而是通过客观描述，尽量将过程还原得更加真实。这样，在复盘过程中，团队中的每位成员都会得到充分地认可与尊重，都拥有自由表达的权利，以及不被评判与指责的放松状态。

当然，在复盘时也不可仅仅指出问题而不指出是谁的问题，这很关键。因为在整个过程中，问题已经充分暴露，是谁的问题每个人都心知肚明。我们要做的是激发自省，而不是让大家相互指责，推卸责任。

在复盘结束后，还要要求每个人做好总结，写出自己在项目或活动过程中的责任是什么，问题是什么，需要改进的又是什么。我们不能把员工的表述与奖励和惩罚挂钩。复盘激发的绝不是指责，而是担当。

将复盘运用在管理中，更加有效改善人与人的关系

前面讲到的都是在活动与项目执行过程中的复盘应用。除此之外，复盘在管理、谈判、人际交往等方面的应用也非常广泛。作为教育机构的投资人，我们可以将复盘方法应用在改善与员工的关系，以及处理家长投诉等事件中。运用复盘方法会使我们思路清晰，冷静理智，领导力与管理能力快速提升。

在化解员工辞职危机、解决员工之间矛盾、了解员工工作状态，以及对员工进行问责前，先列好谈话提纲，在谈话过程中简单记录事件经过。在复盘时，除了像记流水账一样记录谈话内容外，更要记录谈话时对方的感受，以及考虑对方真实想表达的需要是什么，期待对方做的行动是什么。对心理、管理与人际交往复盘的真正意义，是从事件本身出发，探究人心、人性，进而达到真诚交流、相互成就、生命充盈且幸福的目的。

思考与作业：

1. 复盘一次近期的活动。查看一下自己更在意哪方面数据，哪些数据根本无从整理。

2. 复盘最近一次管理事件，找到解决方式，拟定与员工的谈话方案。

8

放手，让责任成为担当

　　王老师与我相识多年，是一位在早幼教行业浸润了 14 年的资深投资人。按道理讲，果断干练的她，应该能打出一片更广阔的天地，但她的一个弱点一直使她无法大展拳脚。

　　她不善于"放权"，对谁都不放心，总觉得别人都没有自己做得好。辛辛苦苦培养的骨干都出去单干，成了自己的竞争对手，这让王老师十分寒心，更不敢放权给他人了。

　　可以说，王老师这种情况在小微企业中很常见。越有能力、越强势的投资人在经营过程中会越累，尤其是专业型或者产品型管理者，往往会陷入能力陷阱，不舍得放手。

　　很多人陷入了一个神奇的怪圈，只要一放权，员工就会犯错，纠错成本又很高，只好把权力再收回来。久而久之，老板越来越怕放权，员工也越来越怕承担责任。最后的结果就是，老板越来越忙，员工越来越闲，老板当得比员工还苦。

　　也有很多人盲目放权，甚至把自己都不懂的业务全盘交给店长，以为这样就是在充分放权，最后的结果大多不尽人意。

可见，放权是门学问。无论是在什么规模的企业中，这都是一个值得探讨的话题。在管理中做好放权，能够让员工承担起应该承担的责任和义务，让团队的管理更加系统化，让整个团队的运营更加流畅。

放权能够激发员工的归属感与参与度

权力是每个人都想拥有的，就像孩子在小时候就想拥有自己的选择权，挑选自己喜欢的玩具、玩自己喜欢的游戏，甚至吃的东西、穿的衣服都想自己做主。这是孩子在成长过程中成为自我、拥有自由的必经之路。

成年人会更加希望拥有主宰自己人生的权力，这种倾向在工作中会表现得十分突出。员工想要参与决定，这种对权力的欲望也恰恰是激发员工归属感、参与感与责任感的助推器。在机构形成完善的管理机制下，越放权会越让员工有主人翁意识，觉得这是自己的家园，必须守护与发展自己的家园。

我们都知道海底捞在管理中放权做得很有特色，普通的服务员都拥有赠送菜品和免单权。他们可以根据实际情况直接决定，根本不需要向主管申请。这极大地提高了服务效率，使客户不满等问题在最短的时间内得到解决与处理。但这看似简单的免单权，其他餐饮机构却很难复制，因为大多数管理者担心员工会滥用权力，从而造成资源的浪费。

海底捞敢于把权力赋予员工，员工不仅不会滥用，还会利用这个权力更好地服务客户，充分让顾客体验海底捞的服务文化，这就是一种互相信任的成就。

信任是放权的核心，也是团队成长的核心。我们要让员工充分感到信任，同时也要让员工明白，他不是只有了权力，同时承担着更大的企业责任。这样一来，充分授权就会变成机构前进的动力。

放权的客观基础是有明确的标准与示范

放手最可怕的情况是告诉员工，你自己看着办吧，你都说了算。这种无厘头的信任不仅不能长久，还会让被授权的员工糊里糊涂、压力倍增。

放权之前一定要有明确的标准与示范，管理者可以清晰地告诉员工需要负责的事项、应该如何去做以及权限的范围。有了这些标准与示范，员工就会在一个范围内行使权力，既有自主选择和决策的内容，也有参考的依据与示范。这会让彼此都有安全感。

另外，放权一定不是撒手不管，而是要让员工知道执行过程中的关键节点和需要注意的关键信息，并让员工对执行内容进行反馈，我们要通过反馈内容对关键信息进行捕捉。

权、责、利的适度平衡

毋庸置疑，投资人（老板）是企业中权力最大的人。但权力不仅仅是说了算，权力本身有一种服务性。

在教育机构中，任课老师服务的是家长和孩子，教学主管和销售主管服务的是任课老师、销售顾问，而投资人服务的是全体员工。这就要求，投资人一定是整个团队中最有服务意识的人。

如果投资人都没有服务意识，觉得员工都应该为自己服务，那必然带不好团队，团队成员也会缺乏服务与责任意识。

权力一定要与责任相匹配，否则机构的运营就会出问题。一个普遍性的现象：很多投资人都会从一线教学员工中提拔教学主管和销售主管。当基层员工成为中层主管后，我们就要重点关注他们承担部门责任的能力，而不仅是具体的业务能力。如果新提升的销售主管只能做好自己的业绩，而不会带新人，甚至还会跟下属抢业绩，那就说明他的责任与权力并不匹配。

优秀老师、优秀顾问，与教学主管、销售主管的职责是完全不同的，很多教育机构的投资人都没搞明白这一点，因此很容易陷入管理误区。

在放权过程中，领导者应该做到赏罚分明。赋予员工权力，员工就要承担责任，我们也要给予利益。如果只让员工承担责任，不给利益，就是压榨；员工只享受利益，不承担责任，就是窃取。

在放权的过程中，我们一定要使权、责、利三者保持平衡，这样员工才能真正成长起来。

放权是过程，不是结果

放权后，要有一定的监督，才能更好地保障大家的利益。要知道，放权是一个过程，而不是简单的结果。

刚放权给园长时，投资人甚至可以要求园长每日提交日报，目的不是为了控制权力，而是监督与辅导园长更加有效的工作。当园长能高效工作后，只需让园长提交周报、汇报数据即可。

在放权过程中，投资人还要给园长做示范，如晨会应该怎么开，晨会上应该讲哪几处重要的问题，如何最快速分配工作，等等。投资人指导得越细致，园长练习次数越多，放权会进行得越顺利。

我们应该逐级、分步骤、分阶段、分主次进行放权，不要将所有的事情一股脑放权。先放次要的事情、简单的事情、具体的事情，逐渐再放需要思考的事情、需要决策的事情和主要的事情，将管理权、知情权和监督权留在自己手里。

监督与辅导员工行使权力是放权过程中的重要一环。民营教育行业有一个先天的劣势，员工基本工资比较低，从业人员基础素质弱一些。这就要求投资人在放权时不可过快，否则会引发很多风险。

通过和王老师交谈，我们把目前园所中全部人员的情况逐一进行了分析。她最终决定，从现有的两位教学主管和销售主管中提拔一位做店长，但这个需要一段时间来甄选。我跟王老师用一个月的时间梳理了可以放手的具体工作清单、授权人，以及相应的工作内容、标准、流程、权责范围、奖励机制、监督与教练辅导方法。

两个月后，王老师兴奋地对我说，教学主管与销售主管已基本担当起各自的职责，已经能够很好地处理授权范围内的事情，园所的业绩也日渐提升。

看到她的改变，我很欣慰，虽然离彻底地改变还需要时间，但王老师已经走出了自己的能力陷阱，学习做一个老板真正需要做的事情。

反思与作业：

1. 在你的机构中，有哪些具体工作可以放权？

2. 谈谈目前已经放权的工作是否能顺利运转，负责人的工作情况如何。

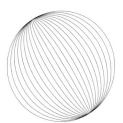

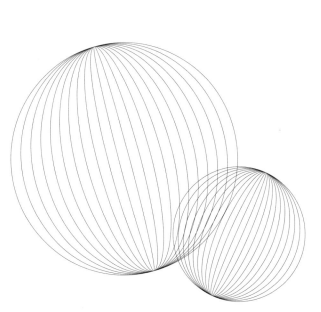

人性管理
与制度博弈

第 三 章

1

为什么听了各种课，还是学不会管理？

我们先做个简单的自我测试：

☐ 员工是否清晰了解企业的愿景与目标？

☐ 是否制订了全年的目标与分解计划？

☐ 是否经常跟员工进行深度沟通？

☐ 是否经常赞美与肯定员工？

☐ 是否经常面带笑容、充满正能量？

☐ 是否在团队士气弱的时候，你一出现就可以提升能量？

☐ 是否关注团队成员的个人成长和职业规划？

☐ 是否经常使用肯定句？

☐ 是否会使用非暴力沟通与真实表达？

☐ 是否会与他人共情并使用同理心沟通？

☐ 是否在下达指令时毫不迟疑？

☐ 是否会立即处理团队内的抱怨问题？

☐ 是否每日有固定的时间学习与成长？

☐ 是否能将团队带领得充满活力与动力？

☐是否有很强的执行力？

☐是否会与团队成员讨论后再制定出企业的绩效制度？

☐是否在对待团队成员时极度求真与透明？

☐是否用严厉的爱来对待团队成员？

（在做上述测验时，是打✓，否打 ×。✓越多，说明领导力越强；× 越多，说明需要提升的方面越多。）

☐是否感觉人员不够用，自己的时间不够用？

☐是否每天忙于许多琐事？

☐是否忙碌到没有时间陪家人或者休闲？

☐是否工作总是一团乱，总是处于救火状态？

（在做上述测验时，是打✓，否打 ×。✓越多，说明需要提升的方面越多；× 越多，说明领导力越强。）

很多投资人认为管理就是制定规范、流程，然后监督好数据就行了。其实，若不能悟到管理的内涵，只在表面做文章，我们不仅难以解决团队管理问题，还容易陷入越管越乱的境况。

管理的核心是知人心、懂人性，并激发团队成员的内在动机与创造力。在多年给早幼教机构做管理咨询的过程中，我发现了一个很有趣的现象。在提供各种咨询工具，协助梳理流程、完善制度、确定目标、分解任务、拟定指标、培训员工等工作的过程中，我需要花很大的精力帮助领导者调整自身的状态，并将其引向自我觉察、自我成长的道路上。这条路通了，管理的技术和方法便很容易贯彻执行。

第一阶：想明白你想做什么，想要什么

罗伊·马丁纳在《改变，从心开始》一书中说过，不同的存在状态，能量的意义和效果是不同的。他列举了三个层次的生命状态：

第一层次是辛勤地工作。关键词汇是专心致志、竞争、集中焦点、目标导向等。这一层次注重目标达成，甚至不惜牺牲与家人相处时间以及自我身体的健康。

第二个层次是聪明地工作。关键词汇是直觉、有条件式的快乐、倾听内在的声音、过程导向、进入潜意识、与生俱来的智慧。进入到这个层次的人开始关注内在和谐，接受本身价值观引导，运用智慧和聪明工作塑造出双赢的策略。

第三个层次是进入行若无事的工作状态。关键词汇是念力、无条件快乐、宇宙指引、活在当下、服务等。处在这个层次的人，取得成功将不费吹灰之力，完全能够达到身体、心理、灵魂层面的统一，和整个宇宙合而为一，轻松自如拥有高能量的生命状态。

我们多数人无法成功达到第三个层次的生命状态，但我们也要让自己努力从第一层次达到第二层次，进入到生命内在更加通透的状态。

作为管理者，我们要为机构制定明确的目标和发展方向，树立企业文化，确定经营中的原则。这样在工作中，我们才不会总是没有重点地抓起什么做什么。

第二阶：正确看待经营中出现的问题

大多数投资人在经营与管理机构时，都期待万事顺利。当发生教

师提出辞职、家长投诉等问题时，内心瞬间会陷入慌乱、焦虑与恐惧。

这是还没明白生命的真相就是无常。世间的无常就是常态，"变"才是永恒不变的真理。不仅是在工作、经营机构方面，孩子成长、夫妻相处等方面也都很可能会随时出现问题。

与其害怕出现问题，不如学会冷静面对与智慧处理问题，并思考如何将问题的解决方式变成FAQ（常见问题解答）与培训材料，避免反复出现同类问题。这才是问题解决之道。

第三阶：像经营婚姻一样经营团队

我常说带团队就像处理婚姻关系一样，让自己成为怨妇那也是自己的选择。我每次听到投资人评价自己的员工散漫、没责任心、执行力差、偷懒等时，我通常会说那就别用了。很多投资人一听到我的答复，就又说这个老师上课还行，这个顾问也还挺用心的。潜台词就是尽管员工毛病一大堆，但依然舍不得开除。这样一来，投资人就陷入了背后指责抱怨、当面无奈妥协的困境。

在我看来，用人绝不应凑合，而很多员工也并不像投资人描述的那般不堪。反而是管理者不断地给员工贴标签，使得员工形成了一种得过且过的工作态度。如果管理者总对员工怀疑、担忧、抱怨、指责，那还不如换人。

换个角度来说，我们为员工制定工作目标也要本着符合他们实际的工作能力的原则。如果你想找一个你什么都不用教、也不用管，就能把机构做得财源滚滚的人，那你找的应该不是员工，而是老板。用人的原则是要信任对方。只要员工有优点、闪光点，那就要相信他们、引导他们、激发他们的内部动力与成长动力。

第四阶：分模块制定阶段性目标，找出问题，执行解决方案

在管理中，不要胡子眉毛一把抓。首先，设置有挑战、可衡量的阶段性目标；其次，确保在朝着目标前进，把握节奏，排除一切干扰；再次，找到重点问题并规划方案，执行并检验。可以尝试按照以下步骤来进行。

第一，制定明确的阶段性目标。

第二，找出问题，并且不容忍问题。

第三，诊断问题，找到问题的根源。

第四，规划方案。

第五，坚定地从头至尾执行方案。

第六，制定原则与工具，包括流程和标准，并指导方案执行。

第七，在整个工作中坚持原则。

第八，检验问题的解决与目标的完成情况。

第九，制定下一个阶段的重要目标，继续按上述流程执行。

管理是一件说出来容易，做起来难的事情。中小型企业的管理的变化性更强，个性化程度更高，早幼教行业的管理更是具有极大的特殊性，家长更看重老师的授课与服务能力。作为投资人与管理者，我们没有捷径可走，只有沉下心来好好带队伍，打造一支学习型的成长团队，才能真正实现目标与梦想，才能打造出既有情怀又能持续盈利的教育机构。

反思与作业：

1. 找到管理中最困扰你的问题，反思是人的原因还是事件的原因？

2. 确定机构目前的一个阶段性目标，按照步骤来进行一次实操。

2

不可跨越、也不能偷懒的三样功课

老子说："有道无术，术尚可求也。有术无道，止于术。"

庄子说："以道驭术，术必成。离道之术，术必衰。"

道与术是中国传统文化中的精髓，潜移默化地影响着我们的思想。"形而上者谓之道，形而下者谓之器。"形而上的就是无形的道体层面，形而下的是万物各自的表层的相，"器"在这里可以理解为"术"，指的是具体的技巧和方法。"道"解决原理问题，"术"解决技术问题，"道"是思想，"术"是方法，将两者合二为一，才能成功。

很多投资人把团队执行力差、业绩上不来、缺乏服务意识等问题归结为缺乏绩效考核、制度流程等管理技术。然后苦苦寻求解决之法，生搬硬套其他企业的管理方法，却发现自己的业绩依然没有起色。我们要明白，管理者要具备几个方面的能力：专业技能、管理技能和领导能力。前两个即为"术"，领导能力即为"道"。有了"道"，"术"才能发挥作用；没有"道"，再好的"术"也难以解决问题。

作为管理者，有三样功课是必须修炼的。

功课一：修炼心智

越来越多的管理者开始重视修炼心智。无论是参禅、学习心理学还是学习哲学，很多管理者都在尝试走近自己，通过修炼心智提升管理之道。早幼教机构中的员工年龄集中在 20－30 岁，这些年轻人有独特的思维模式与处世之道，他们更加自我，更追求自由与成长，不再屈服于传统的领导权威。他们的自我觉醒度更高，喜欢挑战，期望做喜欢的事、持续学习与获得认可收获成就感。从创业者的人数大大增加就可以看出，现代的年轻人不喜欢安于现状与墨守成规，他们期待自我价值的实现。在这个时代换工作的成本并不高，换行业都成了平常事，因此，管理者与员工之间合作关系的维系纽带已经不能仅仅靠权威和薪酬，而是要靠动机与成长性。年轻人愿意跟着有思想、有格局、有梦想的老板一起奋斗，他们更倾向把老板当作学习的榜样与努力的方向。这就要求管理者不断提升自己、修炼心智、以身作则，带动其他成员成长，增加团队的凝聚力。

功课二：做个可爱又可怕的团队教练

现代管理学的发展也历经了很多变革，但从"现代管理学之父"彼得·德鲁克开始，就强调了自我管理的重要性，而且指出了自我管理是可以实现的。随着管理学与心理学不断结合，在管理学中融入教练技术的理论也开始普及。近年来，教练式领导力理论得到了广泛应用，尤其对于早幼教机构的领导者来说，更容易掌握教练式领导力的技能。

团队协作中常见的五大障碍是缺乏信任、惧怕冲突、缺少共识、逃避责任与无视结果。人，永远是一个企业的核心竞争力，而团队协作中的障碍也是因人与人的互动形成的。教练式领导力是通过改变模式来激发人的内部动机，从而解决团队协助中的障碍。

下面的图来自马斯洛的需求层次理论[1]。马斯洛认为，人类具有一些先天需求，越是低级的需求就越基本，越与动物相似；越是高级的需求就越为人类所特有。这些需求都是按照先后顺序出现的，当一个人满足了较低的需求之后，才能出现较高级的需求。人在每一个时期，都有一种需求占主导地位，而其他需求处于从属地位。这一点对我们做管理工作具有启发意义。

我们需要做的是了解员工的需求，这是应用需求层次理论对员工进行激励的一个重要前提。我们要根据员工在不同时期、不同阶段的需求来确定激励的方式，并经常进行调整与变化。这就决定了激励的方法绝不局限于薪酬本身。领导者应该经常用各种方式进行调研，弄清员工的需求是什么，然后有针对性地进行激励。

---

1 马斯洛需求层次理论于 1943 年提出，其基本内容是将人的需求从低依次分为生理需求、安全需求、社交需求、尊重需求和自我实现需求五种。马斯洛需求层次理论是人本主义科学的理论之一，其不仅是动机理论，同时也是一种人性论和价值论。

很多人认为领导者修心智就是修炼脾气，让自己更加柔和地带团队，那就大错特错了。在带团队的过程中，领导者应该扮演三种角色，这三种角色分别带有不同的帽子[1]。

老师角色

这一角色要求我们以知识服人，用大量的专业知识、经验指导员工高效解决困难以及传授经验。在早幼教行业，领导者在初期通常就扮演着这样的角色。但领导者如果过于依赖这个角色，把过多的注意力放到提升专业与技能上，只可能成为专家而非成熟的领导者。过于好为人师，会使团队无法突破瓶颈，没有更远的目标，也会让团队迷失发展方向。

主管角色

这一角色要求我们以权力服人，通过考核、绩效、分派任务、监督等方式合理地使用权力，恩威并施。这是目前很多早幼教机构的领导者没有扮演好的角色，在进行考核、下达任务时顾虑过多，缺乏监督，所以总会被员工"欺负"。但领导者如果过于强势，则一方面会带出唯唯诺诺的缺乏激情与创造力的员工，另一方面团队中也会积压很多情绪以至缺乏成长力，造成团队稳定性弱。

教练角色

这一角色要求我们激发员工的内驱力与潜能，适当改变工作模式，更多地通过协助学习、分享经验、指导复盘等方式来帮助员工成长。教练式领导力是近几年管理学与心理学结合的产物，也是有效提高团队工作状态的方法之一。

扮演教练角色的要点是，领导者要能及时在能干与不能干之间进行巧妙转换。领导者如果什么都能干，还组建团队干什么？而领导者如果

---

1 参考陈茂雄的《看不见的沟通——激发员工潜力的萨提亚教练模式》。

什么都不能干，又凭什么带团队？这是个难题，但扮演好教练式领导者的角色就可以帮助我们顺利解决这个难题。

在当今时代，领导者要平衡地扮演好这三个角色，让这三个角色发挥影响力，带动员工高效工作。根据不同的场景、状况和对象在三种角色之间切换。让权威与有趣结合，严厉与好玩同步，制度与人性化共存。

功课三：明确企业的使命

很多创业者都是冲动创业，从未想过公司的使命，觉得大公司才有使命，这是错误的看法。哪怕没有用文字说明，领导者也要让团队成员明确知道企业的使命是什么。不要将使命写得长篇大论，也不必将其做成标语，但一定要写得简洁明了、具有指导性，让每个员工都牢牢记住。有的教育机构是连锁品牌的加盟店之一，那么除了有总部的使命外，作为一家单店，也应该有属于自身的使命与信念。

如果企业现在还没有使命，可试着套用以下公式完成：

×× 机 构 通 过 _____ 的 方 法 与 努 力（价值观），在 _____ 行业领域（专属定位），实现 _____ 目标（改善 _____、创造 _____、减少 _____ 等）。

建议与团队成员一起讨论、调整与完善上述内容。其实为企业构建使命就是明确企业的价值观和目标，使团队朝着目标前进。

示范：

×× 机构通过将孩子的早期教育延伸到学校、家庭、环境三位一体的 365 天的教育模式，在 0-6 岁早期教育领域实现 ×× 地区全民提高婴幼儿教育普及化与改善婴幼儿家庭教养环境的目标。

反思与作业：

1. 在老师角色、主管角色、教练角色中，你觉得自己更多的是在扮演哪个角色？思考自己在领导力方面有哪些需要提升的地方。

2. 思考机构目前的管理技术，制度、流程、绩效、复盘四个方面中的哪个方面更弱。

3

别让绩效考核成为你的噩梦

近几年，KPI（关键绩效指标）、OKR（目标与关键成果法）很流行，有些人认为将这些绩效考核方式拿来直接用，就会解决经营中的难题，从而激发员工的工作能动性。

有个教育机构的园长向我咨询，说听了一场 KPI 培训课，投资人就要求她设计园所绩效考核制度与薪酬制度。我当时非常惊讶，KPI 的开发、实施和应用是一个系统工程，不仅需要专业的人力资源部门，甚至需要聘请第三方咨询机构来协助，仅仅听了一次培训课，擅自拿来几个 KPI 的表格就放在薪酬体系里面，对一个小微教育机构来说，这就像一辆自行车装了一台发动机，滑稽且无效。绩效考核没有好坏之分，只有适合与否，只有了解了绩效管理与薪酬管理之间的逻辑，摸索适合自己的考核方法，才能真正引导并激发员工的工作动力。

绩效与薪酬的平衡

很多投资人把绩效与薪酬混为一谈，其实这是管理中的两个部分。

绩效指的是员工在工作中创造的成绩与效益，薪酬指的是员工提供劳务所获得的报酬。我们都希望通过绩效管理来激发员工的工作积极性和能动性，因此就免不了将绩效考核与薪酬制度关联起来。

在绩效管理体系不完善的情况下，有些管理者会简单粗暴地依据考核分数发放薪酬，这样就会产生很多负面影响和管理问题，不仅不会激发员工的能动性，反而还会成为员工钻空子、消极面对的借口。在绩效管理与薪酬制度之间寻找一个合适的平衡点，是我们管理者要解决的问题之一。

早幼教机构的规模较小，特点是人均收入水平低、入门门槛低，如果使用非常复杂的绩效管理模式，不仅不会激发动机，反而容易引发矛盾。当然，一直运用某一种绩效考核办法也不妥，我们必须寻求最适合自己机构的绩效管理与薪酬制度。

我在为每家机构做顾问管理咨询的过程中，都要根据机构的特点、管理者风格、团队氛围等特点来设定个性化的绩效考核与薪酬制度。如果仅仅给几个模板化的表格，真到执行的时候就会发现寸步难行。

制定绩效考核与薪酬制度时需要注意的要点：

＊只靠钱很难维持员工的工作动力与热情

经常听到民营教育机构的投资人抱怨，辛辛苦苦培养的人才，最后还是选择了公立幼儿园。其实私立早幼教机构的收入会比公立幼儿园平均高 10%-30%，留不住人的原因不是收入。

我们在私营机构做调研时，发现很多员工更看重机构的领导者风格、企业文化、团队氛围、学习机会、个人成长空间等。有一个朋友告诉我，她从事这个行业 10 年，从普通实习生、教学主管、中心主任到机构合伙人，现在协助老板拓展全国品牌，这样的成长速度在公立机构里面是根本达不到的。她喜欢与企业一起努力拼搏、实现梦想的过程，更感恩老板一直在帮助自己成长。这些案例说明，管理者提升领导力与激发员工的工作热情，比制定烦琐难懂的绩效与薪酬制度更有用。因此，私立的早幼教机构的绩效管理与薪酬模式也要更加灵活，自下而上引导员工积极参与，这样才能发挥更有效的激励作用。

＊基本的薪酬制度应该设定6-9个级别的调整标准

虽然 KPI 绩效考核模式不大适合小微企业，但 KPI 中的一些内容我们可以借鉴使用。例如在新员工试用期内，我们就可以通过设定关键指标来指导新员工的学习方向，这样就避免了新员工随意跟岗。

示范

新员工——教师

新教师试用期培训跟踪考核表

考核要素	考核要素定义	考评要点	权重	1个月掌握情况描述	主管评分	2个月掌握情况描述	主管评分	3个月掌握情况描述	主管评分
1.知识/技能	有关工作的业务知识和技能的宽度和广度	·背诵中心教学体系和教学特色、课程设置 ·是否熟悉中心常见问答 ·是否背诵0-36月婴幼儿生长发育规律 ·掌握前台咨询登记及报名手续 ·掌握中心服务项目 ·了解中心的相关制度及教师行为规范	30%						
2.授课能力	有关教师授课的能力和学习能力	·能够独立完成课程环节 ·能够读懂教案、完成备课及教具准备 ·完成婴幼儿测评以及个性化指导分析	30%						
3.沟通能力	与上下级、同事间的交流、信息传递的能力	·与婴幼儿在课上的互动、沟通 ·与家长课上及课下的沟通能力	10%						
4.主动性	在主动开展工作方面的表现	·能否克满责任感，主动承担任务 ·能否独立自主、积极热情的开展工作	10%						
5.协作性	工作中与他人协作、配合方面的表现	·能否服从命令，听从指挥 ·能否与同事协调配合，搞好工作 ·能否维护气氛良好的人际关系	5%						
6.开拓性	工作中开拓、创新方面的意识与表现	·能否在工作中发现问题，并有效改进 ·是否在工作中有创新，并勇于尝试	5%						
7.纪律性	在遵守公司纪律和规章制度方面的表现	·能否严格遵守各项制度及规定 ·是否按时参加相关会议和活动	5%						
8.试用期工作安排的实际完成情况		·是否保质保量、按时完成考核期内工作任务 ·是否承受压力、克服困难完成工作	5%						
评定总分：A＝（工每一项评分×权重）			100%						

分值词酌：优秀（5分）良好（4分）一般（3分）较差（2分）很差（1分）
被考核人部门/职位：＿＿＿＿＿

员工签字/日期：　　　　　　　　　　　　　　　　　　部门主管签字/日期：

新员工——销售顾问

新销售顾问试用期培训跟踪考核表

被考核人部门/职位：_____

分值说明：优秀（5分）良好（4分）一般（3分）较差（2分）极差（1分）

考核要素	考核要素定义	考评要点	权重	1个月掌握情况及描述	主管评分	2个月掌握情况及描述	主管评分	3个月掌握情况及描述	主管评分
1.知识/技能	有关工作的业务知识和技能的宽度和广度	·背诵中心/教学体系和教学特色、课程设置 ·是否熟练掌握好常见问答专栏问题 ·是否熟练掌握48节课好早幼教基础知识专栏问题 ·是否熟练掌握18节课好置微课的内容 ·掌握前台咨询登记及报名手续 ·掌握中心服务项目和客户进店接待流程 ·了解中心的相关制度及教师行为规范	30%						
2.销售能力	销售沟通能力及亲和力，课程的特色讲解能力	·能够销售客户的需求，并介绍相应的课程 ·能够了解客户的身心发展规律并给予问题解答与教养建议 ·能够独立完成销售 ·能与客户快速建立信任关系，并尽快成交	30%						
3.沟通能力	与上下级、同事间的交流、信息传递的能力	·与幼儿在课下的互动、沟通 ·与家长沟通以及家庭延续与问题解答方面的沟通能力	10%						
4.主动性	在主动开展工作方面的表现	·能否充满责任感，主动承担任务 ·能否独立自主、积极热情的开展工作	10%						
5.协作性	工作中与他人协作、配合方面的表现	·能否服从命令、听从指挥 ·能否与同事协调配合，搞好工作 ·能否维护气氛良好的人际关系	5%						
6.开拓性	工作中开拓、创新方面的意识与表现	·能否在工作中发现问题，并有效改进 ·是否在工作中有创新，并勇于尝试	5%						
7.纪律性	在遵守公司纪律和规章制度方面的表现	·能否严格遵守各项制度和规定 ·是否按时参加相关会议和活动	5%						
8.试用期工作安排的实际完成情况		·是否保质保量、按时完成考核期内工作任务 ·是否承受压力、克服困难地完成工作	5%						
		评定总分：A=（Σ每一项评分*权重）	100%						

员工签字/日期：　　　　　　　　　　　　　　　　　　　　　部门主管签字/日期：

　　当新员工通过转正考核后，就可以根据能力和考评结果，参考薪酬制度中的定级要求来确定级别。除特殊情况外，每年应进行一次综合绩效评价，根据评定的分数来决定升级、保持原级还是降级。关于评级表格的内容与权重，可以根据关键绩效指标来设定和调整。原则一定是给予绩效目标的方向性和指导性，而不要把内容全部写入评级表格，写得越细，对执行的负面影响越大。

＊基本薪酬制度的结构与核心内容

　　由于早幼教机构的规模小、人数少、流动性强，不建议使用过于复杂的薪酬制度。建立公司的基本薪酬制度即可，其中规定固定薪酬部分、附加薪酬部分、保险薪酬和绩效薪酬部分即可。下面以一家机构的薪酬制度为例，大家可根据各自机构的不同情况并参照《劳动法》调整薪酬制度。

固定薪酬包括固定工资与司龄工资：固定工资的标准以当地政府发布的企业最低工资标准计算，并随着当地政府发布的调整标准而调整即可。

司龄工资可以根据机构自己的情况规定每年增加多少，累积计算，建议10年后不再增加。司龄工资的金额不宜过高，尤其在小微企业中，要杜绝混年头、混工龄的情况。

附加薪酬部分：包括加班津贴、午餐补贴、通讯补贴、住房补贴、课时费、销售提成等，这个部分建议根据每年绩效考评的评级结果，为每个级别制定不同的附加薪酬。其中课时费的考核还应该与出勤率、家长满意度评价等挂钩，具体可参考教学教务制度的相关规定。

保险薪酬部分：包括住房公积金、基本养老保险、基本医疗保险、失业保险、工伤保险、职工生育保险等。

绩效薪酬部分：包括业绩活动单项奖、季度奖、年度奖、效益奖、特别奖以及其他特别奖金。这部分薪酬内容不需要在总的薪酬制度中具体描述，均参考各单项奖金的考核办法即可。

注意：越是小微型企业，薪酬制度的影响力越弱，为员工提供一个正规、安全、完整的薪酬体制即可。不需要将任何细节都写到薪酬制度中，可以通过其他各项制度来完善与补充薪酬制度中的执行细节与规则解释。

＊当企业发展到一定规模可以尝试使用OKR

严格意义上讲，OKR（Objectives and Key Results）是一种工作法，曾经让谷歌、英特尔、领英等顶级公司实现了业绩爆炸式增长。

OKR管理方法的核心步骤为：

第一，制定有挑战、可衡量的目标（50%的完成率最佳）。

第二，设定少量关键结果，切记不可贪多。

第三，每周进行优先级评估，团队成员相互提醒。

为了提高OKR的执行效果，《OKR工作法》的作者克里斯蒂娜·沃特克提出了团队在盘点目标执行时使用的一种四象限的OKR展示形式[1]：

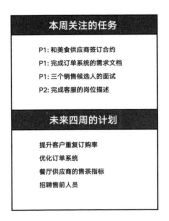
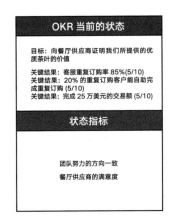

无论是何种绩效管理法还是工作法，都是"术"的层面，也都是一把双刃剑。我们应正确认识、看待与应用绩效管理方法，不要让绩效成为管理中的噩梦。

反思与作业：

1. 目前机构的绩效管理处于哪个阶段？

2. 制定与调整机构的薪酬制度。

---

1 摘自《OKR工作法》一书，建议对这种工作法感兴趣的管理者深入研究实际的操作方式与技巧。

4

没有一劳永逸的管理制度

记得有一回，一个在早教行业挣扎了三年的投资人邀请我指导他们机构的运营管理工作，问及管理制度这一项时，这位孙老师面露难色。孙老师说自己就跟有收集嗜好一样，三年收集了上百份早幼教行业的制度实施方案。但问到实施情况时，孙老师苦笑说，挑选着用了一段时间，之后发觉不好用，这些制度也就形同虚设，不了了之了。

像孙老师这样的情况，在早幼教行业并不常见。设想，如果公司的制度有几本厚厚的词典，别说执行，查找细则都很困难吧！逐渐地，制度手册就变成了一摞摞废纸，无人问津。

教育培训类机构制度不规范的最主要原因是没有可以参考的行业标准与规范，也缺乏相关的行业制度方面的培训。制度要么来自加盟的品牌总部或同行交换，要么是参考其他行业，几乎没有专门的咨询公司为教培机构定制专属的制度。

我们璟舒教育在教培行业耕耘多年，积累了一些可执行的制度方案，大家可以参考以下范围：

（一）职业规范类

这类制度包括教师职业素养与服务行为规范、员工手册、培训制度等。

＊教师职业素养与服务行为规范

曾经有一家早教机构的投资人问我，有个应聘者满身都是文身，这样的人可以用吗？我果断地说不能用。我们从事的是教育行业，为人师表是最基本的职业素养，大部分家长也都希望幼儿教师朴素大方、亲和热情。

早幼教行业投资规模小、入行门槛低、职业化水平差，一些投资人与管理者对职业素养与行为规范往往不重视。随着行业竞争越来越激烈，家长对机构的要求也不断提高，因此我们对员工的仪容仪表、待人接物、为人处世的要求也要提高。要知道，一支基本素养、形象气质都很高的团队，也是机构的活招牌。

在行为规范制度中，除了规定职业素养的基本原则外，还要对沟通、倾听、着装、仪容、问候、微笑，用语的语音、语气、语速、站立、坐姿、行走，手势、面部表情、眼神、社交距离、公共礼仪等均设定明确的标准与示范。这些礼仪和行为规范不仅仅是教育机构需要的，作为一个有素养、有气质的人，这些也是必须要学习的内容。我经常告诉员工，设定这些制度来规范自己的行为是为了让我们能够活出有气质、有教养、有素质的生命状态。

＊员工手册

"员工手册"是机构中最基本的制度管理规范之一，也是新员工入职最先学习的制度之一。员工手册的内容应包括企业文化、经营理念、公司简介，与聘用有关的入职手续、试用期、离职手续、劳动合同签订与终止、个人资料要求、社会保险、工作规范、工作时间、考勤办法、请假程序、休假种类与假期待遇（病假、事假、丧假、带薪年假、婚假、倒休）、工资津贴与奖金、员工发展与培训等。员工手册中对每项内容的描述需简洁、清晰，可以通过附件的形式描述其他相关制度。

＊培训制度

现在的家长越来越专业。自怀孕起，很多家长就开始学习教育方面的知识，家长的专业程度甚至会远超过老师。即便家长再不懂早幼教，也能分辨教师是否优秀、是否专业。打造团队专业性的唯一方法就是建构系统与全面的培训体系与制度，可以从员工晋升与职业发展的角度考虑并规定相应级别人员需接受培训的重点内容。

下面以预备级教师的培训内容为例。预备级教师应接受累计不低于90小时的培训，培训内容应涉及教学理论、专业素养、教学基本功、教学实践、运营服务五个板块的内容。

教学理论的内容应尽量覆盖全面的早幼教基础知识，如脑科学、关键期、敏感期、蒙台梭利、感觉统合、多元智能、音乐基础理论、0—6岁孩子身心发育特点、教育心理学基础知识，等等。

专业素养包括仪容仪表、社交沟通礼仪、言谈举止、教师服务行为规范、音乐素养、语言素养、职业发展规划素养，等等。

在教学基本功板块，新教师通过演练体验课流程、理解教案，熟悉教学流程和教学目标；撰写逐字稿、操作常规游戏，熟悉教具的使用方法以及教具的制作方法；通过环境创设方法，熟悉幼儿发展测量、测评技巧，逐渐掌握工作内容和基本技巧。

在教学实践板块，新教师通过从跟班进行配课过渡到配合一两个环节的主课，逐渐掌握教学方法。

在运营服务板块，新教师通过熟悉接待流程、报名流程、服务流程，逐渐做到清晰介绍机构的课程体系、课程的优势与特点，并掌握与家长沟通的话术与用语。同时新教师必须接受外出派单、电话邀约、销售接待基础理论与实战的培训演练。预备级教师培训基本限于新员工的实习期，通过预备级培训的老师，可以转正并获得早教教师的上岗资格，独立为孩子与家长提供专业的早期教育指导服务。

除了建立预备级教师的培训体系，还要建立成长级、资深级和精英级教师的培训体系。成长级教师培训内容要侧重教学技巧、教学营销与活动策划方面。资深级教师培训内容要加入个案与专题研究、活动组织、员工再培训、沟通与管理等方面的内容。精英级教师培训更需要个性化，要加入领导力、谈判技巧、管理技能、心理学、销售与营销管理方面的内容。

早幼教机构属于小规模企业，很难做到人员的绝对分工明确。因此，无论是前台、顾问，还是教师、行政，都要掌握教育的基本常识、了解课程的内容，也都要了解销售的技巧和方法。

从培训频率来看，预备级教师接受集中培训，而其他级别的教师一般都是在松散的时间进行累积课时培训。但对机构来讲，在每周例会后，都应当进行至少一小时的内部培训与案例分析，每月固定进行重要课题的研讨会培训。在其他时间，教师可以通过碎片时间，进行线上学习、分享以及案例总结。比如很多机构的教师一直参加璟舒教育的线上学习，这是一种非常好的碎片化学习方式，它可以将培训日常化、常规化、普及化。除了这些以外，员工之间进行案例分享、读书分享也是一种非常好的培训方式。

当然，无论制定怎样的培训制度，最终的目的都是让员工进入自发的学习与成长模式，最终成就个人发展。只有打造学习型的团队、塑造成长型的机构、培养学习型的父母、建构孩子的终生学习与成长力，我们的教育机构才能拥有可持续性发展的动力，才能让更多的家长信任我们的专业性，从而达到良性的发展目标。

（二）教学教务类

这类制度包括但不限于评级与晋升制度，会员服务与积分制度，教具管理制度，教学评估与家长调研制度，家长联系制度，备课、上课与排课制度等。

*评级与晋升

评级与晋升制度是配合薪酬制度的具体实施参考标准，也就是对评级、晋升的关键绩效进行的具体解释与描述，例如对独立上课、完成教案、教学指导、家长沟通、个性化测评、出勤率、续课率、业绩完成率、工作主动性、协作性等做出的相应描述。具体的级别设定参考薪酬制度、绩效管理、培训制度等中有关级别的规定与描述即可。

*备课、上课、排课

备课、上课与排课绝不是看看教案，准备准备教具就直接给孩子和家长上课，下课后签个字这么简单。教师展现出来的授课与服务水平是教育机构最核心的产品与服务内容。因此，对教师备课、上课、排课要做出具体的规定，如对备课时间、教案撰写内容、上课流程与标准、教具准备、环境创设准备、教研要求、呈现方法等在备课制度中进行详细描述与规定。另外，上课过程中对学员的档案建立、课前家长会、课前测评、课堂规范、与家长沟通的规则、课堂观察记录、课堂秩序与应变、课后延伸与家庭辅导等内容，也要充分体现在相关制度中。

很多管理者认为排课不重要，那就大错特错了。教育机构的商业模式属于预付费模式，如果排课不当，消课率低，将会导致机构的负债率越来越高。我们多次强调不能只关注每个月的营业流水，消课才能真正增加机构收入。因此，排课非常重要，不同的课程类型，如早教、英语、水育、感统、入学准备等，排课的具体方式都不同，但排课的原则与方法其实万变不离其宗。在排课时应注意出勤率的统计方法，可参考下面的公式：

出勤率 ＝ 实到人数／应到人数 ×100%

应到人数 ＝ 本班的报名人数－请长假的人数－积压的风险雷区客户人数。（临时请假的人数不排除在应到人数外。）

每季度应统计一次风险雷区客户人数，由投资人签字确认，不再由教师打电话跟踪，转交给店长亲自跟踪。

给孩子请长假的家长必须书面写请假单，写好明确的请假时间，在此期间内不计算到应到人数统计中。

消课率与出勤率略有不同，出勤率统计的是人数，而消课率统计的时负债比率。消课率计算方法：

消课率（月实际消课节数／应消课程节数）

应消课节数指的是按照机构的课程体系与学员年龄与意愿匹配后，学员月度消课计划节数总和。

在排课制度中，还要规定课表的调换、师资配比、学员升班、排课时间的沟通方法等内容。

＊与会员家长联系

经过多年调研我发现，顾问和老师在对会员家长的沟通和联系上具有很大的主观性与随意性，只喜欢跟经常和自己沟通的家长联系，这就对机构的经营埋下了很大的隐患。因此，我们要做出与家长联系的具体规定，这样一来，无论是机构的校长、教学主管还是教师、顾问，在与家长联系时，都可遵循具体的方法，掌握好频率、联系内容，我们同时还要指派相应的监督人员。例如：除了常规的课前、课上与课后沟通外，如遇到孩子连续两次未来上课，教师应打电话与家长联系，及时沟通、了解情况，请家长排除一切困难补上缺课，让孩子在园所得到更好的发展。如果孩子连续一个月未出勤，应由教学主管、校长亲自与家长电话沟通，表示关注。如果孩子因生病请假，教师应及时通过微信服务，给家长发送一些婴幼儿疾病护理的小知识，疾病期辅食的小建议等，让家长感受到园所的用心。每次联系后应保留好相关的联系记录。除了上述教学教务的相关制度外，还要建立教学评估与家长调研制度，通过设立自我评价、家长评估、教师互评及主管考核体系对教学与服务进行综合性评价；通过调研，提高家长的满意度。还可以建立会员服务与积分制度，丰富对会员的服务内容与质量，从而建立好的口碑，做好转介绍营销与口碑营销。

（三）行政管理运营类

这类制度不仅包括薪酬制度、会议制度、卫生执行标准、教具和图书资料管理制度、人员档案管理制度、采购物品规定、禁烟规定、宿舍管理制度、费用报销制度等行政制度，还包括公众号管理、微信朋友圈管理、社群管理等市场运营类制度。

好的制度一定不是买来的，或者直接就能拿来用的。制度也未必是越多越好，我们不能一下子把所有制度颁布出来，让员工立刻执行。搭建完善的管理制度不是一蹴而就的，请务必分阶段、分步骤、分层次执行。执行一个制度后，检验效果，深入人心后，再进行下一个。当然，制定一种制度也不是一劳永逸的，应及时更新、及时淘汰。我们需要正确看待制度，制度绝不是限制自由、控制员工，而是为企业与个人更好的发展保驾护航。

反思与作业：

1. 梳理自己机构目前执行的制度，看看还有哪些问题。

2. 拟定机构的制度颁布与执行计划，根据重要紧急性来确定执行顺序。

5

对于小微企业来说，流程比制度更加重要

李园长有三家幼儿园，他制定了一套适合自己幼儿园的完善制度，并在三家幼儿园园长的监督下逐步推进。但在推进的过程中出现了很多问题，大部分员工并不知道如何才能把制度落实好，具体步骤又有哪些。

对于小微企业来说，流程比制度更加重要，新的创业机构可以暂时没有制度，但必须要有工作流程。

制定工作流程时，大家要注意以下五点：

(1) 流程需要简单明了，步骤清晰

制度往往是概念与方向的描述，而流程则是简单规定操作步骤与操作要点。比如可以按照完工的顺序列出第一步、第二步、第三步等注意事项。就像菜谱一样一目了然。

(2) 流程可以根据发展变化进行调整

流程并不是一成不变的，它要根据工作需要随时进行调整，建议工作流程每隔三个月进行一次自查、调整与更新，保持最新的执行状态。

（3）流程的制定需要执行人员的参与

流程是把制度细化到可操作步骤的过程，让团队成员参与流程的制定，才能确保每个流程操作的可行性、效率性和有效性，并且，流程在工作环境中反复执行后，也更易于校准与调整。让团队成员参与流程的制定能提高参与度、激发内驱力，帮助大家找到成就感，让大家感到自己是企业的主人。

（4）流程有横向与纵向、时间与空间多维度

流程不能算是制度的补充，严格意义上来说是一种工作方法。流程直观、形象，我们可以按照时间轴的步骤制定流程，也可以按照空间上的移动与分布来制定流程。不同的工作内容，流程可以用横向或纵向等维度来呈现。

（5）流程的表现形式可以多样化

流程的表现形式有很多种，例如文字描述、图片标注、步骤描述、流程图、思维导图等。流程的目的是让操作步骤与结果之间产生连接，确保目标成功实现。

关于早幼教行业中常见的流程示范

招聘与面试流程

见下图：

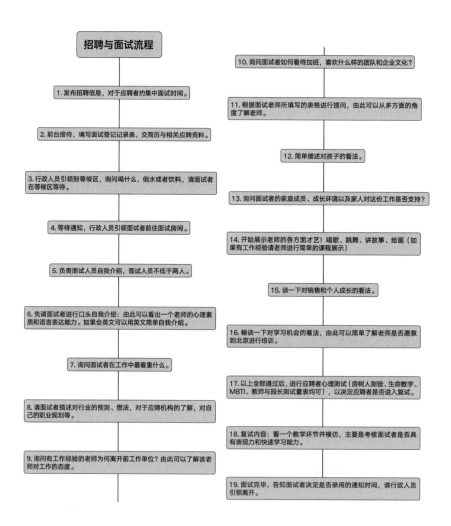

招聘与面试流程

1. 发布招聘信息，对于应聘者约集中面试时间。

2. 前台接待，填写面试登记记录表，交简历与相关应聘资料。

3. 行政人员引领到等候区，询问喝什么，倒水或者饮料，请面试者在等候区等待。

4. 等待通知，行政人员引领面试者前往面试房间。

5. 负责面试人员自我介绍，面试人员不低于两人。

6. 先请面试者进行口头自我介绍：由此可以看出一个老师的心理素质和语言表达能力。如果会英文可以用英文简单自我介绍。

7. 询问面试者在工作中最看重什么。

8. 请面试者描述对行业的预测、想法，对于应聘机构的了解，对自己的职业规划等。

9. 询问有工作经验的老师为何离开前工作单位？由此可以了解该老师对工作的态度。

10. 询问面试者如何看待加班，喜欢什么样的团队和企业文化？

11. 根据面试老师所填写的表格进行提问，由此可以从多方面的角度了解老师。

12. 简单描述对孩子的看法。

13. 询问面试者的家庭成员、成长环境以及家人对这份工作是否支持？

14. 开始展示老师的各方面才艺！唱歌、跳舞、讲故事、绘画（如果有工作经验请老师进行简单的课程展示）

15. 谈一下对销售和个人成长的看法。

16. 畅谈一下对学习机会的看法，由此可以简单了解老师是否愿意到北京进行培训。

17. 以上全部通过后，进行应聘者心理测试（房树人测验、生命数字、MBTI、教师与园长测试量表均可），以决定应聘者是否进入复试。

18. 复试内容：看一个教学环节并模仿，主要是考核面试者是否具有表现力和快速学习能力。

19. 面试完毕，告知面试者决定是否录用的通知时间，请行政人员引领离开。

中心应聘人员登记表

填表日期_____ 编号_____

<table>
<tr><td rowspan="9">个人资料</td><td>姓名</td><td></td><td>性别</td><td></td><td>出生日期</td><td></td><td>民族</td><td></td><td rowspan="3">照片</td></tr>
<tr><td>政治面貌</td><td></td><td>身高</td><td></td><td>体重</td><td></td><td>籍贯</td><td></td></tr>
<tr><td>婚姻状况</td><td></td><td colspan="2">身份证号码</td><td colspan="3"></td></tr>
<tr><td>联系电话</td><td></td><td colspan="2">家庭住址/邮编</td><td colspan="4"></td></tr>
<tr><td>普通话</td><td></td><td>计算机</td><td></td><td>应聘职务</td><td colspan="3"></td></tr>
<tr><td>持有文凭</td><td></td><td></td><td></td><td>现在进修</td><td colspan="3"></td></tr>
<tr><td>毕业学校</td><td></td><td></td><td></td><td>期望月薪</td><td colspan="3"></td></tr>
<tr><td rowspan="5">工作履历</td><td>起止时间</td><td colspan="2">工作单位</td><td>岗位职务</td><td colspan="2">所受培训</td><td colspan="2">离职原因</td></tr>
<tr><td></td><td colspan="2"></td><td></td><td colspan="2"></td><td colspan="2"></td></tr>
<tr><td></td><td colspan="2"></td><td></td><td colspan="2"></td><td colspan="2"></td></tr>
<tr><td></td><td colspan="2"></td><td></td><td colspan="2"></td><td colspan="2"></td></tr>
<tr><td></td><td colspan="2"></td><td></td><td colspan="2"></td><td colspan="2"></td></tr>
<tr><td>自我评价</td><td colspan="9"></td></tr>
</table>

1. 为什么要应聘这份工作？_____

2. 你对幼儿早期教育了解多少？_____

3. 你对本机构了解多少？_____

4. 你认为从事早幼教行业，最应具备的是什么？_____

5. 我校工作时间为每周 5 天，每天 8 小时。周六日都要上课，能否服从中心的安排？_____

6. 你需要中心为你做些什么？_____

7. 你对试用期（3 个月）的工资要求？_____ 元/月

8. 你对签约成为中心全职教师之后的工资或其他待遇的要求？_____ 元/月

面试记录表

姓名			应试项目		
用表提要	请面试人员在相应空格内画√，无法判断时，请免打√。				

评分项目	评分				
	5	4	3	2	1
仪容仪貌 衣着整洁	极佳	佳	平实	略差	极差
语言表达能力	极佳	佳	普通	稍差	极差
才艺展示	极佳	佳	普通	稍差	极差
领悟、反应能力	特强	优秀	平平	稍慢	极劣
对其工作各方面及有关事项的了解	充分了解	很了解	尚了解	部分了解	极少了解
对于营销与销售的认可	非常认可	愿意努力	不拒绝	有阻抗	拒绝销售
性格特点和家庭环境下成长与学习期待	成长动力强	愿意学习	无想法	迷茫	拒绝成长
所具经历与本公司的配合程度	极配合	配合	尚配合	未尽配合	未能配合
前来本公司服务的意愿	极坚定	坚定	普通	犹疑	极低
英文能力评分	极佳	好	平平	略通	不懂

总评	□ 拟予复试		□ 列入考虑	
	面试人：		日期：_____月_____日	

会议流程——以晨会流程示范

由员工轮流组织晨会。

时间	内容	流程要求	执行人	监督人
8:30-8:32	团队集合	按照时间准时集合，整理队伍形象妆容与仪容仪表自查		
8:32-8:38	正能量分享	100字以内的正能量文字或故事分享，并带领团队大声阅读		
8:38-8:42	工作报备	每个成员轮流叙述今日工作内容以及需要协助的事项		
8:42-8:45	清晨健身	集体进行增加力量的舞蹈、健身操或者瑜伽动作，每月一换		

卫生执行流程示范

各家机构应根据自身情况，制定适合自己的流程。下面，我们以一家早教中心上午 7:00—12:00 的卫生执行流程来做示范。

保洁区域卫生标准流程	
7:00-8:30	1.大厅和娱乐区整洁无污渍无毛发和细碎残渣
	2.玩具区摆放整洁，书架摆放有序，无灰尘无杂质
	3.茶水吧水杯清洗消毒无黄色污渍
	4.吧台物品摆放整齐无灰尘污渍
	5.茶水吧桌椅摆放整齐无灰尘污渍，清扫地毯
	6.垃圾桶干净无垃圾，垃圾桶面整洁无灰尘污渍
	7.擦拭玩具区的玩具保持整洁无灰尘无污渍
	8.教室紫外线消毒完毕

8:30-9:30	1.各教室地面卫生整洁无污渍无细碎杂物和毛发纸屑
	2.教具柜台面整齐无灰尘污渍
	3.清洗教室用过的教具
	4.清扫母婴室保证地面卫生，茶水架无灰尘污渍，垃圾桶整洁无灰尘无垃圾
9:30-12:00	1.巡视大厅卫生，大厅地面必须保持干净整洁无灰尘，无杂质无细碎杂物，无毛发纸屑
	2.茶水吧卫生整洁，随时清洗茶杯和更换一次性纸杯
	3.整理大厅玩具区和走廊玩具区卫生，保持整洁，摆放有序
	4.书架摆放整齐有序保证书架无灰尘无杂物
	5.课间休息清扫教室地面卫生，无污渍、无毛发
	6. 书架上的书摆放整齐

除了以上的卫生执行流程示范，我们在工作中每个重要的环节都需要配好相应的流程，例如进店接待流程、电话邀约流程、报名流程、家长服务流程、投诉处理流程等。

有了流程，团队里的每个人都能清楚地知道自己的工作内容与步骤，有了流程，管理者可以对照流程内容来指出员工在工作中出现的问题，这样做既清晰、明确、有效地解决问题，又不会引发员工的对抗情绪。

反思与作业：

1. 开一次团队会议讨论现在哪个部分的工作不清晰，执行有困难，研讨并制定相应的流程，执行一周后，再开会讨论效果与修订方案。

2. 管理者根据自己机构的情况，列出一个规范的流程制定计划表，大家根据事情紧急和重要的程度安排部门进行讨论。

6

细分工作执行，让自己活得明白

　　工作忙乱、缺乏逻辑、分不清主次，是很多中小型教培机构投资人与管理者的通病。如果想让自己在工作中思路清晰，就需要在执行层面实行细分。

　　在之前时间管理的章节中，我们讲过所有的事情都可以划分为两个维度——紧急维度和重要维度。我们都知道要把紧急不重要的事情放到后面，也都知道应该把注意力放在重要的事情上。可很多时候，我们又本能地先处理紧急的，让不重要的事情变成紧急且重要，最后时间不够用，工作也很难有逻辑和头绪。

　　除了做好时间管理，领导者还需要把待办的事项进行细分，细分后就知道每项工作最后完成的时间节点，便于更好地监督和执行。当把工作细分和拆解后，我们就会发现再有难度的工作也会变得清晰、明了、易于执行。

　　很多时候，利用一些表格可以更好地完成工作的执行和细化。举个例子，机构要举办一场线下活动，如果只是用文档写个简单的方案，在执行的时候就会发现有很多细节没有预先安排。为了更好地执行，至少需要最基础的三张细化的表格——活动计划表（Action Plan）、财务预算表（Finance）、活动流程表（Run Down）。这三张表格的撰写和使用，机构中达到一定级别的老师都要会，而不仅仅是市场部人员会就可以。

活动策划细分工作执行工具——活动计划表（Action Plan）

在活动执行方案中，我们要对所有工作内容进行分类，记录目前状况、规定截止时间以及执行人员与负责人员。前面的章节中讲过活动执行的必备步骤和要素，大家可以参考使用，本章中的三张表格是活动执行中最基本且不可缺少的内容。

Action Plan 表格参考：大家可以根据每次活动的实际情况调整方案中的具体板块与内容。

Action Plan					
工作内容	描述	现状	期限	执行人	负责人
活动方案撰写	安排方案撰写人				
人员分工	确定活动总负责人				
	确定活动安全员				
	确定活动物品准备人				
	确定活动物品采购人				
	确定外聘嘉宾负责人				
	确定音乐负责人				
	确定活动环节负责人				
	确定签到负责人				
	确定摄影工作人员				
确定地点					
确定时间					
宣传方式	张贴海报				
	会员通知				
	微信邀请函				
	公众号				
	派发宣传单				

	开场舞的组织排练人				
	互动游戏活动执行配合人				
活动项目和内容	游园美食区负责人				
	游园游戏区负责人				
	游园购物区负责人				
	新年美食分享				
	小丑表演				
活动现场 物品准备					
奖品礼品准备					
现场相关手续					
活动抽奖 奖品券					
宣传用品					
场地布置					
活动培训与彩排					
摄影摄像					
物品 清点与回收					
其他					

如果执行方案足够细化，我们就会发现，哪怕活动还没有进行，但对于活动的效果，已经可以有初步的评估。这种细化的方案会让管理者有深入地认识和察觉，也能够进行宏观把控。知道什么时间检查哪些工作？这些工作的负责人都是谁？执行的进度如何？我们只要拿着这张表格随时更新，就能将活动最大限度地按计划执行。

活动策划细分工作执行工具——财务预算表（Finance）

很多人不在意财务预算，因为对于小微教培机构来说，除了外请团队的测评周、酒店大型讲座等开销较大，平时的活动费用支出都不大，因此也懒得记录。殊不知，财务预算是活动执行中非常重要的环节。

合理缩减成本才能创造利润，钱虽然不是省出来的，但一笔糊涂账的机构也不可能赚钱。我们在帮一家早教机构梳理月度财务的时候发现，不到十个人的团队，一个月领用的笔的数量是150根！财务预算不仅仅是为了省钱，而是为了能够清楚地看到钱花在哪个地方。该花的时候绝不省，但也不能因为一张纸不值钱就乱浪费。

财务预算表格参考：

Finance				
项目	内容	数量	金额	是否可再利用

当填写财务预算表的时候，我们一定要将采购物品的内容、数量、金额都记录清楚，同时标注一下是否可以再利用，方便我们更好地估算这笔支出是否值得。注意上述表格中的金额部分记录的不是购买金额，而是摊销到此次活动的金额。

活动策划细分工作执行工具——活动流程表（Run Down）

做完计划表格和预算表格后，就要进行活动流程表的安排了。活动计划与预算解决了活动前期筹备与推进的问题，到了活动当天，需要更加细化的流程，确保万无一失。例如活动彩排与预演、时间的把控、场次的安排，配套的音乐、道具的准备、具体游戏与执行老师、抽奖环节等每个活动的细节都要记录进去。

这张表格需要从彩排和布置场地开始计划，按照每个环节的时间节点进行描述。完善表格后，给每个参与活动的工作人员都打印一份，让每个人都清楚地知道自己负责的环节与时间的控制部分。这样从活动彩排到最后的物品回收都有清晰的流程计划、负责人员与操作步骤，从而保证每个人之间的配合都会非常顺畅与协调。

Run Down 表格参考：

早幼教机构Run down表格						
活动时间：						
活动准备：						
活动提示：						
活动地点：						
场地&时间	内容	道具	音乐	负责人	操作流程	备注

上面这张表格中，大家可以清楚地看到每个环节的时间、内容、道具、音乐以及负责人，同时有操作流程的描述，以及出现突发状况需要其他老师进行配合的备注。

任何工作，都是台上一分钟，台下十年功。如果不注意执行层面的细分，活动就只能是碰运气，像过山车般忽上忽下，很难有持续的良性发展。

以上是以活动为例，介绍在执行层面细分的步骤与方法。在教育机构的日常工作安排中，也需要细分，大家各司其职，机构才能良性运转。

关于不同部门、不同岗位的职责划分，每家机构的情况不一样，所以就不一一介绍，但有一点需要注意，在任何企业中，无论如何划分公司架构，工作的内容都是不变的。拿小规模早教机构举例，不一定设置专门的市场部、销售部、客服部，但是市场、销售、客服的工作却不可缺少，只是合并到其他的部门执行。例如投资人亲自抓市场，老师除了售课，还要担任销售与客服的工作。

反思与作业：

1. 反思一下目前机构运营中，不够细化的工作板块有哪些？
2. 用活动计划三张表制作一个完整的活动策划方案，细分执行内容。

7

"赶鸭子上架"成就优秀团队

　　每次开总结会的时候，我都会被团队的小伙伴吐槽，说我最大的本事就是"赶鸭子上架"。我一直认为这是一种培养人的方法，尤其适合小规模企业团队。

　　大家都知道，创业团队的核心是志同道合的人走到一起。找到合适的人最重要，但这个合适不是专业合适，而是为人处世、信念与目标合适。在这个科技发达的时代，知识与技能是最容易获取的。比如不会设计海报，找个APP就可以解决问题；不会剪辑，有很多软件可以学习使用。记得刚创建公众号"璟舒说"的时候，只有我和甘京两个奔四十的人负责，没有任何的自媒体工作经验，更不懂技术和方法。全凭要为家长和孩子沉淀些干货的初心和活到老学到老的自嘲心态，就开始了公众号的第一篇文章，一年时间里，公众号竟然做得有声有色。在我的概念中，只要肯下功夫，没有什么技能是学不会的。我们的团队不断壮大，但"赶鸭子上架"的风格从未变过，大家也乐此不疲地去解锁各种新技能。"赶鸭子上架"逐渐成了璟舒的企业文化，新成员加入时都做好了充分的心理准备，我想大多数人是被这种能够挖掘自己最大潜能的力量深深吸引。

在科技飞速发展的今天，没有什么事情是确定的，即使在你擅长的领域，也会突然出现新事物、新模式。人工智能浪潮席卷全球，知识与技能已经不再是最重要的，反而学习态度、学习能力与不服输的精神才是最核心的竞争力。有的家长问我，现在教给孩子什么最重要，是英语、数学，还是语文？其实，这一切都不如孩子有强烈的好奇心、浓厚的学习兴趣、不服输的探究精神、创新应变的思维能力更重要。现在，人们想要学会一项技能的时间与成本已经大大降低，没有学不会的，只有不想学的。

反观我遇到的教育行业的很多投资人，他们总是希望拥有成熟的盈利模式，招聘到成熟的团队，找到一套成熟的管理办法，让园所自动运营产生利润。看上去合情合理，实际上漏洞百出。如果真有一个这么好的行业，那岂不是赚钱的概率达到 100%，怎么会有赔钱的，又怎么会有经营的二八定律呢。

民营教育属于新兴朝阳产业，这也是吸引大批投资人蜂拥而至的原因。早教从最初雏形发展到现在也不过才二十多年，婴幼儿托育更是近几年随着国家政策支持才开始兴起。近几年传统教育行业又经历了全新的洗礼，从纯线下到线上，又到线上线下深度融合的 OMO 模式，未来可能还要经历几轮变革。商业模式的不确定性与市场的瞬息万变，对创业团队的成长要求将会更高。

无论是人员待遇还是人才缺口，教育行业是很难与高新技术行业竞争的。两万元薪资的文案，五万元薪资的运营看上去都是天价，但是在这些行业中却是合情合理，可这样的薪资在我们教育行业真的是高攀不起。与其在市场上招聘梦想，不如培养属于自己的团队，挖掘出员工的最大潜力。

"赶鸭子上架"，也需要选对人，在我看来，相对于知识、技能、专业，拥有好奇心、不怕挫折、期待成长、拼搏努力的品质与坚强的意志力更重要。好的管理者应该懂得培养合适的人。

吸引力法则与成长型人才

吸引力法则告诉我们，我们有什么样的心态与状态，就会吸引什么样的员工。我们应该随时提醒自己，如果只做自己擅长的，将意味着没有成长与上升的空间；如果缺乏挑战精神，将永远遇不到那个更加优秀的自己。当抱着成就他人的心态引领团队时，员工也更愿意挑战自己、挑战更有难度的任务。

每个投资人都应该拥有成长型思维，拥有一双发现他人潜能的慧眼。在面试的时候，我们一定要向应聘者介绍公司的管理风格，看看应聘者在成长与挑战方面的意愿。在面试选人的时候，我会把工作描述得非常有挑战和困难，而不是描述得一片祥和。我认为如果这样就被吓走的人，也一定无法适应我的团队。

越是遇到好苗子，越要真诚地表达企业文化和成长要求，而不是为了留下人而承诺好待遇、轻松环境等。真正的好苗子是不怕挑战和挫折的，他们不是来求安稳，而是求发展的。

留住一个好苗子，你应该这样做

入职三月以内的新员工离职率会非常高，甚至有的员工干了一周连招呼都不打就走了。除了面试关没把好，多数情况下是由于新员工没有完全融入团体，没有找到自己的定位和成长点。很多投资人忽视了这点，认为新员工的关怀与沟通让店长来做就行，自己不需要花费精力，这就大错特错了。前三个月是新员工融入团队与建立工作习惯的最佳时期，也是立规矩、培养工作习惯的最佳阶段，做好新员工的入职关怀是投资人非常重要的工作。

一般来说，入职关怀流程分为三个步骤：入职关怀、新员工培训、岗位职责安排工作。

入职关怀

员工入职后，行政人员要讲解入职步骤、发放入职的办公用品（漂亮的本、笔，本里面可以加一朵花或者一条丝巾等小礼物），讲解各项规章制度。园长或投资人亲自带领员工参观园所，简单介绍园所各个区域的功能。

新员工培训

培训时可以选择挂横幅或投资人亲自写欢迎手卡等方式来欢迎新员工。一般建议第一次员工培训由老板亲自完成，介绍园所的发展规划。这时候可以准备一些小礼物，比如老板亲自写欢迎信或者卡片发给新员工，让新员工感受到惊喜和被重视。

在培训中，除了要培训专业的知识与技能，帮助新员工发展与成长的培训也必不可少，可以请新员工制作梦想板，跟其他员工讲解职业规划以及工作安排，同时介绍公司所有员工和新员工互相认识，让新员工感受拥有凝聚力的团队氛围和管理文化。

岗位职责安排工作

新员工接受培训后，投资人或园长可以安排老员工一对一的辅导新员工，老员工发放并讲解岗位职责说明。这种老员工带新员工的方式可以帮助新员工尽快熟悉园所及周边环境，进入工作状态。

用信任的力量激发每位员工的惊人潜力

"赶鸭子上架"不仅是赶着员工上架，老板自己也要上架。我们要有一种"有条件能行，没有条件创造条件也能行"的决心，要有一种"会的事儿能干，不会的事儿学会了一定也能干"的精神。这是一种承诺，更是一种信任，一种相信员工能力的动力。领导者不仅要自己相信，还要让员工也深信能够成功，这是一种思维，更是一种成长。

卡罗尔·德韦克在其《终身成长》一书中谈到了我们应当培养的一种思维模式叫作"成长型思维"。他谈到，每个人的思维模式有两种：第一种是固定型思维，第二种是成长型思维。固定型思维的人认为，人的特质和能力都是天生的，后天无法改变。而成长型思维的人则认为，任何能力和技能，都可以通过后天努力而得到发展。具备成长型思维的人会更加坚韧，他们认为遇到的挑战可以帮助自己学习和成长，挑战越大也就意味着成长的空间越大。

作为投资人，我们想让自己的团队变得卓越，就需要培养成长型思维，一起感受在学习和挑战的过程中收获的乐趣，从而不断地奋进，这种奋进的过程给团队带来的收获与能量是极大的，远高于我们从外界聘请的专家带来的经验。

反思与作业：

1. 梳理下现在机构需要但是员工不会的一两项新技能，例如做抖音、思维导图等。请团队中一两位年轻的老师自学掌握这两项技能。

2. 跟团队成员就固定型思维与成长型思维做一个讨论，探讨如何更好地培养自己的成长型思维。

8

指责制造对抗，问责培养担当

回忆下，当你在面对一段关系时，你最讨厌别人对你说什么?

· "你这点事儿都干不成。"

· "你怎么把团队带成这样?"

· "你怎么这点业绩都做不出来?"

…………

再回忆下，作为管理者，在员工犯错的时候，你最常说的话有哪些?

· "你能不能上点心。"

· "我提醒过你多少次，还是不长记性。"

· "你怎么这么没有责任心?"

…………

这样的语言，会引发我们的负面情绪与感受，比如愧疚、泄气、失望、茫然、难过、害怕、紧张、生气等。如果被指责的一方没有消化掉这些情绪与感受，将会产生一系列消极的结果，这当然不是管理者想要的。

去年我在一家机构做辅导，在做员工情况调研的时候，听投资人说了许多抱怨员工的话。"这个人不负责任，那个人太懒，这个人很情绪化，那个人情商低，这人还可以就是太笨了点"。职业本能告诉我，这样的团队，问题大多出在管理者身上。

有些管理者会说，如果员工犯错，不指出错误，难道要去妥协和容忍吗？当然不是，帮助员工成长本就是领导力的充分体现。指出错误的方法并不是只有指责一种，正确地使用问责的技术，不仅不会形成对抗与负面情绪，反而会增强员工的责任意识。

乔纳森·莱蒙德在其《高效管理》一书中指出："学会把问责看成一种帮助员工成长的工具。"他提出了问责刻度盘的工具，通过"提示、邀请、谈话、界限、极限"五个步骤，帮助领导者找到管理的平衡点，我认为这是书中最精华的部分。

提示

乔纳森提出的问责刻度盘的第一个刻度就是"提示"，也就是发现还没有形成问题，但已经露出问题的苗头和风险的事情，本着极度求真与共同成长的领导者风格，只是在某一个空间内，引导团队成员自己观察问题的存在。例如——

"我注意到今天上课的时候，有几次音乐放错了，需要什么帮助吗？"

"我之前听到你跟销售部的李老师起了争执，发生什么事了吗？"

"这周你的状态显得很疲惫，出什么问题了吗？"

"我看在今天的会议中，说到任务分配的时候，你似乎有点想法，要跟我聊下吗？"

这些都是在我们教育机构的日常管理中频频出现的情况，但领导者的习惯往往是回避与逃避，只要问题没有爆发出来或者火烧眉毛就自动屏蔽。其实很多大问题的爆发都是无数小问题的积累，尤其是员工的困难、错误与负面情绪，都是一点点累积起来的。领导花几分钟的时间来"提示"员工，不需要特意把员工叫到办公室进行一次严肃的谈话，只需要在教师、前台、活动区等避开其他成员的地方，营造轻松的谈话氛围即可。然后领导把"提示"作为一种反馈，放手观察，看看员工的反应。如果他们有所调整，说明"提示"已经生效；如果还没有，也可以再耐心等一等，看看他们的反馈是道歉、试图改善，还是推卸责任。很多成员会带着问题来寻求我们的帮助，这时候正好是我们一起讨论，帮助成员成长的好机会。

而如果成员无视"提示"，相同的问题重复发生，那我们可以准备进入下一个步骤"邀请"。

邀请

走入"邀请"这个刻度的时候，意味着我们经历过"提示"，且没有引发员工的思考、改善与成长。那我们可以提升一个强度，邀请员工来到自己的办公室，提前准备一些问题与他讨论。

"邀请"不是问责，依然采用平常沟通交流的语气，建议可以结合NVC中的四要素（观察、感受、需要、请求），只是在语气上可以显示自己的权威。

"还记得我上次跟你说过，上课时好几次音乐放错的事情吗，我最近听你的课，发现又有几次教具准备得不充分。我相信你也希望在上课这件事情上做得更好，获得家长和孩子的肯定。我很担心这样的情况会更加频繁，会不会最近做事情速度有点太快？"

"上次我听到你跟销售部的李老师因为该谁提醒家长上课的事情吵起来，这几天你们之间好像又发生矛盾了，还是因为那件事吗，有没有解决？我知道在工作中，你很在意把每件事情都做好，并希望得到其他人的支持与配合，也很希望同事之间相处融洽。我非常在意我们沟通之后的结果如何？

"你还是觉得很疲惫吗？你似乎还有一些烦恼没有解决，情况怎么样，我能为你做些什么？

"上次我们沟通任务分配的问题，今天我看到大家在讨论任务进展的时候，你还是很苦恼，有哪里仍未解决吗，我们是不是需要再深入聊一聊？"

在"邀请"过程中，我们要强调对上次"提示"事情的重视，也要强调我们对在工作中出现这些问题是不能容忍的。在"邀请"这个刻度中，我们需要让员工知道，我们对这个问题非常重视和关心，并向他们讲解这些事情的重要程度以及影响程度。你可以表达自己的着急、担心，让员工知道这件事情对整个机构的发展是很重要的。同时也要告诉员工，你相信他比你更希望做得尽善尽美，只是无论出于忽略还是一些小的瑕疵，你相信他非常愿意改善和成长，也相信他非常愿意满足你的要求。接下来，我们就可以讨论一些解决问题的具体方法和步骤。

这是一个非常好的、与团队成员建立深度沟通的机会，这种沟通是建立在信任的基础上。当团队成员发现他们的情绪和问题被接纳，而不是受责怪的时候，更会激发他们调整与改正的动力。

在"邀请"过后，一般的团队成员会开始尝试做一些改变，我们需要鼓励与陪伴，哪怕他们只有一点进步，都可以在下一次沟通中询问他们发现了什么，再给他们一些建议。如果有些团队成员依然我行我素，情况依然如故，那就可以进入下一个步骤"谈话"。

谈话

"谈话"是问责刻度盘中的关键刻度，它可能会使我们走上两条截然不同的道路。如果成功，员工的问题得到改善，人生和事业取得重大突破。如果不成功，可能意味着到了与他说再见的时候。这就是谈话的分水岭，领导者要做好充分的准备来进行这个步骤。

"谈话"的要点是过滤掉所有的情绪，领导者保持情绪稳定，屏蔽所有可能导致分心的事情，全部注意力聚焦在这次谈话上，并做好充分的准备，时间在30分钟左右。谈话的目的不是指责、贴标签、表达不满，而是做好准备真正关心他，走进更深处跟他谈一谈。谈话的时候不可急于求成想强制改变他、让他听话，或者用权威压制他，也不要害怕谈话之后这人辞职怎么办，而是用心去沟通。既然已经到了"谈话"的程度，说明他的问题已经对团队里其他成员造成了很大的影响，如果不及时处理、解决与突破，可能会引发更严重的后果。如果你还是担心自己的谈话技巧，可以先找个信任的同伴预演一次，甚至把谈话大纲提前写下来，做好充分的准备。

谈话的内容不仅围绕着你的观察和感受，还可以更加深入地谈一谈他在工作中的想法、规划以及接下来的打算。我们应该尝试触碰内心更深层次的部分，来一次敞开心扉的沟通。也要明确地告知他的责任与问题在哪里，要如何去调整，建议他做哪方面的改善。

到了这一步，我们希望得到员工的承诺和改变。如果谈话顺利，这将是问责刻度盘的终结点。如果依然无效，那么就要走到下一个步骤"界限"。

界限

如果"谈话"的效果依然不佳，这就到了考验我们果断决策的时候了。我们要设定清晰的"界限"，冷静而严肃地谈话，提出我们的条件，如果对方不能接受，就可以离开。这时候我们要有一个明确的要求与时间节点，在这段时间里如果他没办法做出实质性的转变，就不要再继续留在现在的岗位。

如果对方有情绪，你可以明确地指出在之前三个步骤中对他的提醒、帮助与建议。如果对方保证会在最后期限进行改正，那可以再给他一次机会。如果还是没有改善，就需要进入最后一个步骤"极限"。

极限

当完成了上述步骤，问题依然没有得到解决，就是到了设定"极限"的时候。这个时候你需要宣告告别，谈话一定要简短，5-10分钟就够了。

当第一次看到乔纳森这本书的时候，我就被"问责刻度盘"的内容深深吸引，忍不住要分享给管理者和创业者们。这是一种充分尊重员工成长与团队氛围，又不失优秀权威的一种管理实操技术。

问责中的每一个刻度都应是真诚的，发自内心的，目的都是帮助团队成员成长。领导者也要学会感恩，在这个过程中，团队成员也在帮助我们成长。没有人天生就会管理，更没有人天生就拥有领导力，都需要不断学习、实践、反思、调整以及战胜内心恐惧，只有这样才能更有力量带领团队前进。

反思与作业：

1. 找出团队成员中的一件小事，但你已经发现了问题，尝试"提示"的语言练习。

2. 如果团队中已经有了需要走到"谈话"阶段的员工，认真思考，做好员工工作的备选方案后，准备一次谈话，找到最信任的搭档进行预演。

9

痛苦是管理者成长的阶梯

王老师经营着一家 400 多平方米的早教中心，选址和装修都很高端，前期的投入也比较大，这跟她的做事风格有关，喜欢一步一步稳扎稳打。她最近在管理上遇到了瓶颈，所以来找我咨询。

王老师向我讲述了事情的经过，最近早教中心的客流量不高，于是她就带着团队做活动冲业绩。业绩冲得不错，员工也都发了奖金，原本以为是皆大欢喜，没想到很多人会心怀不满，私下抱怨做活动累死了，才发那么点奖金，老板赚了那么多钱还不知足，实在太贪心了。

我问王老师是否赚了很多钱，她却一副哭笑不得的表情，说业绩是上去了，但成本也高，再加上前期投入大，目前还处于负债运营的状态，也不知道手中的现金流还能撑多久。当我问她是否找抱怨的员工沟通时，王老师叹了口气，说对方是位教学主管，能力很强，就是爱抱怨，而且如果挑明了会伤和气。

跟王老师一样的投资人我遇到过不少，他们觉得运营成本、财务状况是老板的事情，没有必要让员工知道，不应该把财务数据透明。其实，早教、幼儿园、托育、教培大都属于小团队，公司的发展在很大程度上依赖彼此之间的信任力、创造力和执行力，而在这个过程中，公开透明应该是管理中的核心原则。

今天，越来越多的大公司开始提倡公开透明的企业文化。美国桥水基金创始人瑞·达利欧的《原则》一书，受到了很多企业家的推崇，他提出企业在文化建设方面要追求极度的求真和透明。管理者应以实事求是、公开透明的态度对待别人，才能够确保问题被摆在桌面上，而不是隐藏在暗处。只有越来越多的人看到实情，越来越多的人能够公开表达自己的观点，工作时才能更有效率。要想创造一个极度求真的团队文化，就要敢于直面自己与他人的优缺点。像王老师这样，为了面子不去捅破窗户纸，只会让园所的风气越来越沉闷。很多管理者容易陷入自我欺骗的陷阱，因为这样可以逃避痛苦进入舒适圈。矛盾发生了不去解决，认为时间可以消融一切；问题产生了不去解决，认为明天就好了。久而久之，我们只能用一颗玻璃心去宣泄情绪，而无法用理智去解决矛盾和问题。

三种沟通模式

与员工沟通，我们可以采用三种不同的方式。

我们可以用经验式管理，将既有的经验传递给员工，让员工照章执行。这种方式没有什么问题，但是一旦发生错误，我们就要思考，是我们的经验有问题，还是员工的执行有问题。

我们也可以使用权威式管理，但权威式管理对于管理者要求极高——他们既要树立自己的威望，也要对下达的每一个命令负责。一旦命令错误，就会导致整个团队对权威产生怀疑，从而影响团队的战斗力。

我们还可以采用一种全新的模式，让员工在执行的过程中充分发挥主观能动性，哪怕发生错误，也能够激发员工内部的觉醒力和主动力，这就是教练式管理。

当今世界，教练技术已被广泛应用于个人成长、企业管理等许多领域，成为一种卓有成效的管理手段。教练技术集心理辅导、咨询顾问和教练培训于一体，致力于个人的自我发展、自我效能、系统思维和战略思维的培养、以及提升每个员工的学习能力和执行能力。在教练式管理中，领导者从命令者变成了鼓励者，从执行人变成了旁观者，更多的时候充当的是建议者、挖掘者、鼓励者，通过对事物的客观分析，帮助执行人更好地发挥自身潜力，坦然面对问题、困难和挫折。

冰山理论与教练技术

上图来源于萨提亚的冰山理论，冰山上面我们看到的是行为、事件，传统的沟通模式往往就事论事，而教练式管理则需要深入到冰山下面去沟通，从行为层面逐步向下深入—应对方式（姿态）—感受—感受的感受—观点—期待—渴望—自我。

接下来，我们用表格示范深入到冰山下面进行沟通的教练技术。

冰山	成长前的冰山	成长后的冰山
行为层面	员工找各种借口，推脱责任。每到这种时候，我就非常生气，谈话变成训话	给员工试错的机会，通过教练的提问方式引导员工主动思考工作中的问题与解决方案，为员工树立规则，如："下次再出现问题的时候，要请同事吃零食。"
应对方式（姿态）	指责	教练式沟通
感受	愤怒、生气	平静
感受的感受	失望、气馁，对对方失望，也对自己失望，觉得自己没有能力管好团队	感觉自己非常有能量
观点	做为一个员工，就应该无条件服从，按时完成自己的工作。如果有困难可以提出，推卸责任证明这个人有问题	客观地看到他身上的优点与缺点，给员工找到适合他的定位，通过我的格局与能力激发他工作的原动力，成就他的同时，也能成就我自己，成就我的企业
期待	希望员工能够按时完成工作，承担自己的责任，这样大家都高高兴兴的，不会发生冲突	员工可以产生主动思考，意识到工作的意义，做好自己分内的工作
渴望	希望员工能站在自己的角度换位思考，理解老板的不容易	让员工有归属感，不是为了我打工而是为自己工作，只有自己越来越强大，公司才能更好，公司越来越好，我才能越来越好
自我	我不是一个好老板	我是一个能成就自己，成就员工的好老板

像王老师遇到的问题，当发现员工找借口、推脱责任的时候，我们应该放下愤怒，通过提问的方式引导员工主动思考工作之中的问题以及

如何解决，而且告诉员工，希望在工作中遵循极度透明的工作原则，杜绝窃窃私语。

事实证明，当用心平气和的教练式沟通代替职责和愤怒时，我们就能拥有解决问题的能力，而不是面对问题束手无策、意志消沉。员工有优点也有缺点，与其指责他们，不如找到适合他们的定位，激发他们工作的源动力，这不仅是成就员工，更是成就我们自己，成就整个企业。

这个时候，员工便不再是只会机械化地完成工作，而是会主动思考，主动承担责任，在工作中收获成长，与团队建立信赖和默契，最终实现共同成长的目的。

我想当王老师明白了这些道理，她会主动和教学主管促膝长谈，这不只是帮助教学主管成长进步，更是自我解放、自我提升的开始。

在团队中做一次关于动机状态与基本心理需求状态的评估，了解每个团队成员对工作的认知，将有助于团队和个人的长远发展。

一、动机状态评估

该问卷基于爱德华·德西的"内在动机理论"，一共有 18 道题，每道题都给出了"人为什么要工作"的理由，要求被调查人员根据题目描述和实际的一致程度进行打分，1 分表示完全不一致，7 分表示完全一致。

动机状态评估问卷

序号	问题描述	得分
1	我选择这份工作，希望通过它达成某种生活。	
2	我看重工作提供的这份收入。	
3	我问过自己这个问题，我似乎不能管理好与这份工作有关的重要任务。	

4	从这份工作中我感受到极大的学习乐趣。	
5	工作已经成为我自己的一部分。	
6	我希望在工作上能够成功，否则我会很愧疚。	
7	我选择这份工作，是为了实现我的职业目标。	
8	我选择这份工作，是因为工作中充满了挑战，这让我感到满足。	
9	我选择这份工作，是为了赚钱。	
10	我选择这份工作，将它作为我生活方式的一部分。	
11	我希望我能胜任这份工作，否则我会感到很失望。	
12	我不知道我为什么要工作，我们的工作条件比较差。	
13	我希望成为生活的赢家。	
14	我选择这份工作，希望通过它实现一些重要目标。	
15	我选择这份工作，是因为我想体验到完成挑战性任务后的那种满足感。	
16	因为这份工作给我提供了安全感。	
17	我不知道为什么工作，我们被寄予了太多期望。	
18	因为这份工作是我生活的一部分。	

在大家填完后，对问卷进行回收和整理，按照如下规则对得分进行汇总统计：

	动机匮乏	外部调节	内投调节	认同调节	整合调节	内在动机
题号	(3、12、17)	(2、9、16)	(6、11、13)	(1、7、14)	(5、10、18)	(4、8、15)
得分						

然后看哪个维度得分最高，则表明该团队主要是受该种动机所驱动。同理，也可以分析看看紧随其后的是哪个维度，它同第一高的维度之间的距离如何，例如，如果第一高的维度是外部调节状态，但第二高的维度是内在动机状态，则可能意味着团队本身的工作是非常有趣味的，只是因为管理上叠加了过多的外部激励或者管控因素，对内在动机产生了"挤出效应"。

二、基本心理需求状态评估

如果想更进一步评估团队整体的基本心理需求满足程度，爱德华·德西也提供了一份问卷。一共有 21 道题，要求被调查人员根据题目描述和实际的一致程度进行打分，1 分表示完全不一致，7 分表示完全一致。

基本心理需求状态评估问卷

序号	题目	得分
1	我能自由决定我的工作和生活，不受任何约束。	

2	我真的特别喜欢和我打交道的那些人。	
3*	我经常觉得我在工作上有些吃力。	
4*	我会感受到来自生活上的压力。	
5	从周边同事给我的反馈来看，我能很好地胜任这份工作。	
6	我和大家相处得很融洽。	
7*	我喜欢独处，没有特别多的朋友。	
8	一般来说，我都会畅所欲言，充分表达自己地想法和观点。	
9	我会把经常和我互动的那些人当成朋友。	
10	最近我又顺利地掌握了一些有趣的新技能。	
11*	日常生活中，我经常性地做那些被告知不得不做的事。	
12	我觉得周边的人都很关心我。	
13	绝大多数时候，我觉得完成手头工作并不是很困难。	
14	每天和我互动的人都会特别在意我的感受。	
15*	在我的工作中，我没有太多机会展现自我。	
16*	我没有太多特别亲近的人。	
17	日常生活中，我觉得我可以真实地做自己，而不用隐藏什么。	

基本心理需求状态评估问卷 续表

18*	和我经常打交道的那些人似乎并不是特别喜欢我。	
19*	我经常觉得在工作上力不从心。	
20*	日常工作中，我不能自由决定如何开展我的工作。	
21	大家对我都特别友好。	

在大家填完后，对问卷进行回收和整理，带有星号标记的题号（3、4、7、11、15、16、18、19、20）需要做反向记分处理，即实际得分 =8− 打分，然后按照如下规则对得分进行汇总统计：

	自主	胜任	关系
题号	1、4、8、11、14、17、20	3、5、10、13、15、19	2、6、7、9、12、16、18、21
评分			

然后看看团队整体在三个基本心理需求上的满足情况如何，这三个基本心理需求中，哪个心理需求满足得最好？哪个满足得最差？差距有多大？可以就这些问题进行探讨。

一般而言，当三个基本心理需求维度得分都较高时，代表团队整体比较健康，内在动机水平相应也会比较高。如果其中某一维度或所有维度都比较差，则需要再深入分析寻找根源并针对性地改进。

下 篇

产品营销服务

PART TWO

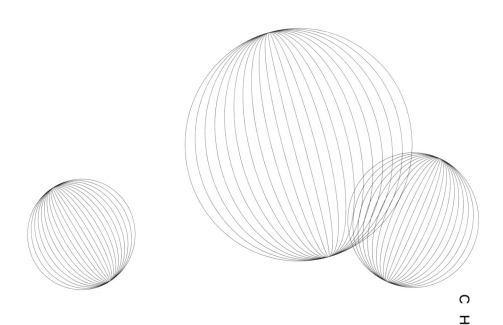

你可以不做，
但不能不懂

第四章

1

做个不好糊弄的"糊涂虫"

一个被我称为"另类管理"的早教行业投资人，她的故事既有趣又有意义。创业者大多忙得不可开交，恨不得二十四个小时都掰开了、揉碎了，而她的生活却过得有滋有味。作为两个孩子的妈妈，她每天睡够八个小时不说，还有时间追剧、打麻将，真是让人"羡慕嫉妒恨"。七年的早教之路，她靠白手起家，开了两家店，收入和盈利状况都不错，哪怕是全国遭遇最大的"黑天鹅"，别的培训机构都无法开门营业，投资人唉声叹气、怨天尤人的时候，她的生活和工作依然有条不紊地进行着。

把她评为"精明而又糊涂"的老板应该是再准确不过了。她生活上有点糊涂，连保险柜密码都记不住，还要把儿子叫回来开保险柜，而这样的妈妈却教育出一双优秀儿女，学习能力和生活能力远超同龄孩子。

这是运气好，还是意外？

真相就是，这个看起来糊涂的老板其实一点都不好糊弄。她做事果断，思考缜密，为人又正直豁达，总之充满人格魅力。需要糊涂的时候装糊涂，该清醒时候绝不含糊，需要放手时候不插手，该插手时候不手软。管理分寸把握得恰到好处，选人、带人、用人都有独到之处。

为什么要当"糊涂虫"?

搞教育培训的人,似乎都是铁打的,不用睡觉的。清晨六点,就能在群里、朋友圈里看到他们活跃的身影,而凌晨一两点,依旧活跃的大有人在。我经常在清晨醒来的时候看到手机上投资人半夜两三点发来的咨询问题,一度让我怀疑我们之间隔着大洋彼岸的时差。

试问我们为什么这么忙,这么累?归根究底问题出在了管理思维上。事事亲力亲为,不懂适度放手。其实,我们要学会抓大放小,偶尔当个"糊涂虫"也没什么。当"糊涂虫"就是在小事儿上睁一眼、闭一眼,给团队成员摸索与成长的空间,哪怕是栽跟头,爬起来也是积累经验;大事儿上,明明白白设定好底线与规则,触碰底线,绝不含糊。只有这样才能真正地带出一支成长型的团队。

原则和底线,请不要触碰

装糊涂的明白人,常常有小事儿不较真,大事儿死磕到底的心态。而这个大事儿,就是原则和底线,这是糊涂与否的临界点。作为管理者,哪怕还没来得及制定职责、流程、分工,也要先立规矩,告诉团队工作的原则和底线。这个原则和底线也是没得商量,绝不允许糊弄的。

装糊涂与真糊涂的区别

故事里的这位早教投资人,糊涂只是一个表象,或者说是一种管理的策略。而很多人还简单地认为,会不会只是因为她运气好,遇到了一些好员工，才能有这样的好团队。我想提出这样问题的人才是真的糊涂了。

让我们看一看装糊涂与真糊涂的区别。

（1）在设置管理制度与流程方面

装糊涂的管理者制定了细化的管理制度与流程后，在团队熟悉并执行的过程中，涉及一些内部运转的小问题时，装装糊涂，更能够激发团队成员的主人翁精神。

真糊涂的管理者内部没有清晰的管理制度与流程，自己都不清楚每天该干什么，更别提指导员工如何有效工作，对团队管理永远是"想起一出是一出"的状态。

（2）在整体管理思维方面

装糊涂的管理者有清晰的管理思维，对于机构的架构、问题与发展有着缜密的逻辑思考。看似糊涂，心里却跟明镜似的。

真糊涂的管理者思维是混乱的、碎片的，缺乏底层逻辑与整体架构方面的思考。呈现出来的就是容易抓小放大，注重细节而忽略了大局。

（3）在选人、看人、培养人准确度方面

装糊涂与真糊涂的管理者在看人方面有本质性的区别。装糊涂的人，选人、看人、看事情眼光非常"毒"，一眼穿透对方内心，让一些伪装、虚假、敷衍和糊弄都瞬间暴露在阳光之下。装糊涂的人，很多时候之所以表现出一副糊里糊涂的样子，是为了给人留有余地与自我反思的空间，觉得凡事没必要说得太明白而已。这样的装糊涂不是真糊涂，反倒是一种高情商的表现，让身边的人感觉与之相处非常舒服。

真糊涂则是在选人时看不透，看人时摸不准，培养人时疑心重，自己每天忙死、累死，还总抱怨遇不到好搭档、好员工、好团队。而真相则是需要修炼自己沟通能力与情商，让"难得糊涂"成为让自己轻松、让他人担当的一种管理妙法。

（4）在情绪管理方面

装糊涂的管理者通常拥有很好的情绪管理能力，外人一般看不出他们的情绪变化，他们自身的能量值很高，常常在团队出现负面情绪的时候，及时注入正能量，调整工作氛围。糊涂只是故意博取大家娱乐的一个话柄，也是故意让员工放松吐槽自己的谈资。他们更会让自己的糊涂成为团队凝聚力的一种催化剂，摆脱高高在上的姿态，放下姿态与团队打成一片。他们决策的时候绝不冲动，一切工作都是在周密的计划与安排下有条不紊地进行。

真糊涂的管理者则会让自己的情绪在团队面前过于透明，脾气上来了不管不顾，纠结、焦虑、抱怨被人一眼看穿，甚至糊里糊涂地让自己成为团队负能量的源头。团队中充满了疑虑、困惑、迷茫、担忧与回避，形成了长期效率低、执行力弱、没有成果的工作常态。情绪管理弱的管理者往往还依靠冲动来决策，缺乏理性与客观分析能力，非常容易让自己沦为"被割的韭菜"还不自知，只能一次次抱怨自己的命不好，总是被骗。

（5）在团队成员职责、分工以及是否有清晰规则与底线方面

装糊涂的管理者在团队中设置了明确的职责、分工要求，并且是有清晰的规则与底线，始终保持着规矩不多，但说一不二的行事风格。团队中有明确的工作职责、要求与流程后，人们就可以明确地知道自己做什么，怎么做以及做成什么样，机构就能够像机器般自动运转起来。管理者不再需要亲力亲为，自然糊涂点也无妨，反而促进其他人员担当责任，获得成就感。

真糊涂的管理者则不然，机构的工作安排像一团乱麻，无职责、无流程、无要求，连接纳家长的登记表、价格单和咨询资料等都常常是几张破纸了事，更不要提什么销售动线、标准化流程、各项制度，等等，管理上简直是一无所有、一塌糊涂，自己亲力亲为往往都弄不明白，更不要提放权、放手给别人了。

（6）在工作方法是否有逻辑、是否抓重点方面

装糊涂的人表面糊涂，实际拥有极强的逻辑思维能力，工作安排上能够抓大放小。用小事儿成就团队成长，勇于接受试错，而大事儿上牢牢掌握，确保发展方向与步骤。

真糊涂的管理者，逻辑思维都是碎片的，总是想起一出是一出，管理团队的时候也是按下葫芦浮起瓢。尤其时间管理问题，是很多糊涂的管理者的通病，忙得要死却没结果。

我想看完我的对比描述，你属于装糊涂的管理者还是真糊涂的管理者就会一目了然。又或者你不是真糊涂，但也不是装糊涂，那么你需要修炼的是大智若愚。如果你是真糊涂的管理者，请你理清思路，按照我给出的建议进行管理方面的整改，并改变你思考问题的方式。即使不会装糊涂，也不能沦为真糊涂！

反思与作业：

1. 请你回忆最近在工作中非常较真的一件事情，分析与复盘这件事情，是应该糊涂些呢还是较真呢？

2. 你在团队管理的过程中是否有明确的界限和底线，让团队成员知道这个界限不可碰触。如果没有，请梳理出界限，并明确告知团队。

2

甩手掌柜的悲惨结局

　　一些人有兴趣做生意却没兴趣管生意，认为只要激励到位，制度规范，当甩手掌柜也会财源广进。至少在教培行业，我从未遇见过甩手掌柜有如此幸运的美满结局，甩手掌柜大都逃不过悲惨收场的命运。

　　在一次培训时，我讲开业第一年投资人必须亲自经营，绝不能当甩手掌柜，学员董老师特别有共鸣，之后，她分享了她的经历和教训。生了孩子后，董老师觉得早教是门不错的生意，投资额不大，门槛不高，前景又好，所以她毅然入坑，开了一家早教机构，也自认为不懂这个行业，所以想请个有经验的人来运营。后来经人介绍认识了一位有四年经验的早教店长，董老师与这位店长有种相见恨晚、一见如故的感觉，谈好双方都挺满意的薪水后，就把经营权全部交给了这位店长。

　　早教中心开业半年也没什么起色，还在不断往里面投钱，店长给的理由是任何生意总有一个铺垫的过程，不可能上来就赚钱。听起来很有道理，董老师也就不便插手店里的事情，毕竟半年下来还是积累了五十多个会员，而且这些会员也都很喜欢这位店长。无奈之下董老师只得继续用高薪养着这位店长，等待业绩有起色。

可是，早教中心一直在亏损，所以矛盾也不可避免地爆发了。董老师心里有些不平衡，想要调整店长薪酬，增加业绩方面的考核权重。而店长则认为亏损是因为店面位置不好，自己辛苦付出却没有得到认可。矛盾持续了半个多月后，店长决绝辞职，而董老师也没有挽留。正当董老师决定辞去公职接手管店的时候，发现不远处新开了一家早教机构，投资者之一就是那位曾经携手奋战的店长，而自己店里的几个骨干教师也跳槽去了那里，会员也逐渐流失，只剩下一个空荡荡的办公室。

好在董老师有置之死地而后生的勇气，她决定清零重来，东山再起。凭着反应速度快、学习能力强和丰富的人脉资源，她很快就让园所的工作进入正轨，半年后业绩就实现了翻倍，不仅达到了运营收益平衡，还开始收回前期的投资。两年后，董老师又在当地的两个郊县各开了一家店，正应了那句"哪里跌倒哪里爬起来"。

这是个痛定思痛的觉悟故事，不管过程有多痛，结局却是皆大欢喜.但也有不少人怎么痛都醒不了,最后只能是油尽灯枯的悲惨结局。

在我看来，风投行业的资本玩法大多不适合中小规模的早教机构，我见过很多优秀的投资人，对于各种商业模式、运营模式都十分热衷，可谈起实际业务来却望而却步。因为不懂业务，所以处处掣肘，无力施展。比如不懂课程只能被老师们忽悠，不懂销售只能被经理算计，不懂管理更无法有效指导、监督与考核店长的工作。长此以往，再充裕的资金也有烧光的一天。

满满的心疼过后却是百般无奈，在教培行业不参与经营真的伤不起，甩手掌柜万不可取。我不喜欢什么"代运营""全托管运营"这种词汇，就像教育孩子一样，孩子是你亲生的，任何人都可以教你怎么做，可真正去实践的时候，你永远逃不掉这份责任，因为你才是那个承担全部的人。

反思与作业：

1.作为投资人必须自己通过参与运营摸透运营与管理规律，将机构梳理清晰。在机构走上盈利的正轨后，可以通过培养管理人员来逐步授权他人运营机构。切不可上来就撒手不管。

2.机构可以放手的三个要点：一是自己可以驾驭全局；二是团队内部有信任与沟通基础；三是接管人已经达到公司利益大于一切的思想格局。

3

不懂不怕，不学才可怕

还记得在八年前组织培训的时候，我对一位阿姨学员印象深刻。她是一位新入行的投资者，已年过五十，却比很多年轻人都有学习的劲头。认真听讲不说，还密密麻麻地整理了一页页的笔记。她告诉我，这都是财富，正因为在这个行业里什么都不懂，才会有把一切放空的谦卑心态。

我很好奇，在这个年龄，还有从头开始的勇气，背后有怎样的故事呢？

在投资早教机构之前，这位阿姨从事的是与教育八竿子打不着的建筑行业。当我问她为什么要中年跨行，她的理由让我很是惊喜。她说自己虽是工科出身，却深知与孩子智慧相处的重要性，女儿最后也不负众望，考进了英国的名校。她并没有涉猎太多的教育理论，但在看《好妈妈胜过好老师》这本书的时候，她意外地发现里面讲的方法竟然都是她跟孩子从小的相处之道。

她知道了教育之中的因果必然，更知道早期教育对孩子的终身影响，所以她想把这种科学的早期教育方法，以更加专业化、职业化和系统化的方式带入自己生活的小城市。

我想故事的结局，不少人都能猜得到。八年后的今天，这位阿姨成了当地著名的"园长奶奶"，并从早教转型到幼小衔接，继续在教育之路上一步一步深耕。

这位阿姨让自己永远保持学习的心态和状态，正是成长型思维[1]的典型表现。成长型思维是针对固定型思维提出来的，有很多人认为天赋是最重要的，而忽略了我们更多的本领其实是后天习得的。

看了上述故事后，肯定不少人愤愤不平，因为自己花了很多钱，听了好多课，终究还是没有获得自己想要的东西。

真的会"学而无用"吗？

先不要悲观，很多人之所以会走弯路，是因为过于急功近利，只想着快速成功，没有搞明白自己要学什么，怎么样，学完了怎么用，就是说没能让学习成为一个闭环，发挥其最大的效用。

记得从创立璟舒教育后的第一场培训开始，我们就本着一个原则：学习的目的不是为了学，学习是因为有用。我们把应用、可操作和落地执行作为讲师培训的最终目标，提出了"告别花哨、回归专业本质"的信念和初心。

教育培训这个行业看似门槛低，投入的资金并不算大，但与便利店、美容院等同规模投资的项目相比，真正门槛高的是对整个团队专业、经营与运营方面的要求。

很多人认为教育行业只要上好课就可以了，那是大错特错。课程只是我们提供给家长和孩子的服务内容之一，而不是全部。我们真正提供给家长和孩子的是一整套的教育指导方案，包括个性化的家庭指导方案、

---

1 [美] 卡罗尔·德韦克在《终身成长》一书中阐述了两种思维模式：固定型和成长型，它们体现了应对成功与失败、成绩与挑战时的两种心态。揭示了成功的关键是用正确的思维模式看待问题，了解自己的思维模式并做出改变，逐渐培养自己的成长型思维。

父母教养指导建议、孩子问题的解决方案等。这要求我们必须具备全面的专业知识与技能，必须在日常工作中不断积累与沉淀。

在打造学习型团队时，请注意以下几点：

★ 领导者与管理者以身作则，用成长型思维模式影响团队，让每个人相信学习的力量可以改变一切。

★ 坦诚地承认自己的弱点，并通过学习促进个人成长。

★ 建立内部图书馆与个人换书活动，鼓励大家交换阅读图书，范围扩大到所有种类的书籍。

★ 建立机构定期学习研讨时间，并组织大家一起分享学习的感受。

★ 学习的内容不仅仅局限于与专业和职业有关的，也可以由团队成员提出感兴趣的学习内容。

★ 请团队中每位成员轮流组织与担任学习内容的分享者，在分享中获得成就感。

★ 不断与其他学习型团队进行交流与互动，激发成员内在的成长动力。

★ 建立培训与学习积分制度，与绩效、薪酬结合，更加促进成员的学习动力。

★ 将机构的教学案例、家庭指导案例整理为案例分析文档，作为培训与学习的材料。

除了这些以外，还可以尝试将迟到等需要扣钱的惩罚方式，调整成为大家购买图书并分享内容等方式。

凡事皆有因果，学习应该是我们对待生活的一种态度，更是我们帮助自己成长的一种途径。无论你是否有经验，无论你年龄多大，你都应该具备不断学习的心态。作为一名创业者，打造学习型团队，也是提高团队战斗力和执行力的不二法门。

反思与作业：

1. 你认为你的团队是否属于学习型团队？请列举你的理由。

2. 协助与鼓励老师建立教学案例分析文档，将在工作中学到的通过案例分析进行深入掌握与实践。

4

用实践检验理论，从案例积累专业

当你指责孩子偷懒、贪玩、不主动学习时，是否会被孩子反问：

"为什么要学习？"

学习是为了考上好大学、找好工作、多挣钱、过好的生活……这样的回答是不是很本能，也很熟悉。这不就是我们小时候父母天天唠叨的话吗？的确，我们70后、80后这两代人很多人都是通过学习改变命运的。但当你拿着这样的老套路给现在的00后讲，一定会被他们的一句话怼得哑口无言。

"我觉得现在的生活就挺好啊！"

不仅仅是孩子，我们在引导年轻员工学习的时候，也会遭遇同样的尴尬。不管是不厌其烦的谆谆教诲，还是开启传销式的洗脑模式，当我们面对90后甚至00后的员工时，这些似乎变成了滑稽、可笑，被他们不屑一顾的无稽之谈。

那么，到底为什么要学习？

在对这个问题百思不得其解的时候，有一天，十岁的儿子给了我一个豁然开朗的答案。

他的回答是——因为有用。他学数学是为了会算数，买东西能算清楚价钱；学语文，是为了能看懂自己喜欢的科幻小说；学英语，是为了能够玩英文版的游戏，还能在玩游戏时候跟外国人交流。

学习是为了有用，这才是学习的真谛！所有的学习最终都要回归到实践应用上，从实践操作中积累的学习成果，在总结、提炼后会更加促进专业的提升。这就形成"学习——应用——总结——提炼——再学习"的闭环效应。

针对教育机构的学习，我为大家介绍两个好用的工具——学习实践库与案例分析档案。我们可以通过这两个工具实现所有学习的应用与实践演练。

学习实践库

很多时候，我们的学习模式是结束就结束了，听了热闹没入门道，没有实践、应用，更别提反馈了。这样的学习效果大打折扣，无法将学习的效能发挥到最大化。推荐大家建立学习实践库，指定专人进行内容更新与维护。将每次培训学习的内容收录到实践库中，进行应用检验与效果评价。

学习实践库工作流程：

★ 锁定近期实践中的工作问题与盲点。

★ 提出培训需求。

★ 指定相关人员参加培训。

★ 培训后资料入库整理（笔记、思维导图、文件、音乐及其他素材等）。

★ 参培人员撰写学习实践计划与应用表单。

★将学习内容再培训给本机构其他相关人员。

★将实践应用表单发放给相关人员，进行跟踪填写。

★实践时间为三周，实践内容不少于三项，实践对象不少于三人。

★三周后进行实践研讨会，进行实践应用周期的反馈讨论、问题收集与解决、结果评价等。

★检查、标注、入库、设定检索关键字。

员工在工作中遇到相关问题，或者新人入职后涉及该方面的基础内容的时候，先在学习实践库中进行检索搜寻解决方案。

学习实践库工作流程：

当工作中遇到相关的问题，或者新人入职后涉及该方面的基础内容的时候，先在学习实践库中进行检索搜寻解决方案。

★1. 锁定近期实践中的工作问题与盲点

★2. 提出培训要求

★3. 指定相关人员参加培训

★4. 培训后资料入库整理（笔记、思维导图、文件、音乐以及其他素材等）

★5. 参培人员撰写学习实践计划与应用表单

★6. 将学习内容再培训给本机构其他相关人员

★7. 将实践应用表单发放给相关人员，进行跟踪填写

★8. 实践时间为三周，实践内容不少于三项，实践对象不少于三个人

★9. 三周后进行实践研讨会，进行实践应用周期的反馈讨论、问题收集与解决、结果评价等

★10. 检查、标注、入库、设定检索关键字

案例分析档案

建立好学习实践库后，再配合建立一个日常教学中的案例分析档案，

这将成为一个专业的宝藏和财富。学习实践库来源于对外部收获的总结，而案例分析档案则来自内部经验的积累。

很多人惊讶于我在教培行业的成长速度，我是从金融学科跨界教育，能够学习1个月上课，3个月销售，4个月测评，1年成为培训师，2年成为管理咨询师，3年就为集团客户提供教研、管理等全面咨询。这不仅仅是因为我学习与读书的积累，更重要的是我习惯进行案例分析与总结，能从学习的表面探究到应用的深层。

从14年前开始，我给每个孩子建立案例分析档案，也给每个员工建立成长职业档案。我的很多知识并不是从书本上学来的，而是依靠教学经验的积累与丰富，以及对不断增加的咨询案例进行梳理、总结，才会让我的专业技能不断提升，不断在实践的基础上深化理论内涵。

建立案例分析档案可以参考以下建议：

第一，先建立档案的目录与分类，准备好档案盒、档案夹等物料，牛皮纸的档案盒就很好用。

第二，宝贝成长档案与案例分析档案不同。

宝贝档案属于流动性档案，一般按照年龄与班级划分，内容包含宝贝档案表、家庭教养情况调研表、各类测评表、教学记录表、定期课时核对记录、请假休学记录等。随着宝贝年龄增长与班级调整，档案位置也随之调整。

案例分析档案属于教学咨询型档案，一般按照课程种类、教学类别、常见问题的类型进行分类。例如感统教研档案、家庭教养环境档案、语言问题档案、测评档案等。

第三，案例分析档案内容包括：档案类别描述、目录编号、档案详细资料（按照日期载入与更新，包括训练方案、教研目标、家庭沟通记录等）。

第四，档案详细资料中可以包括宝贝的具体问题描述、教研目标、教学计划制定、训练方案、教学计划调整、家庭沟通记录、家庭教养建议、家长配合程度描述、分阶段测评的效果评价、专家咨询建议、教学主管意见、教研会议记录等。

第五，在前期建立案例分析档案的时候，从简单开始，无须刻意，有就比没有强，积少成多就是财富。

无论你从事的是早教、游泳、托育、幼儿园，还是特色培训机构，凡是教育都离不开"用心"二字，而这也正是一个因果呈现的过程。用好这章的学习实践库和案例分析档案，你就不会陷入被动学习的局面，也不必每年花大量的钱培训。通过有效的内部学习，还可以避免人员频繁流动带来的困境。

xxx机构培训学习实践与应用计划（示例填写）

学习时间	2020年1月9日-10日			
参加学习人员	张某某、李某某			
学习形式	线下实操			
学习内容描述	谭舒教育早幼教行业商业沙盘销售推演学习，将早教、幼儿园、教培机构的全部经营、运营、销售等过程通过在沙盘上推演进行实战学习。内容包括：运营核算、计划制定、业绩分解、教务排课、数据分析、销售流程、销售话术、团队管理、活动策划、"黑天鹅事件"应急处理方法等内容			

再培训与演练记录

序号	时间	参与人员	内容描述	评价与改进建议
1	2020/1/14三个小时	张某某、李某某与机构管理层	运营核算、销售计划拟定	改变了之前不算账、没数据的乱象，销售计划的制定更加有依据，可执行性更强。通过运营核算，制定销售目标应该设定三个等级的目标值
2	2020/1/15三个小时	张某某、李某某与机构教学负责人员	根据排课计划分析排课是否合理、分析会员的出勤率、续课率、转介绍率与转介绍成功率	通过实际分析，发现出勤率低于平均水平，尽管月末搞促销活动，但对于老会员的服务不够，造成老会员的满意度不高。通过续课率低发现机构三岁之后的课程缺失，可以考虑引进大年龄段的课程
3	2020/1/18三个小时	张某某、李某某与机构市场与销售人员	销售计划分解、全年活动策划的分类确定	销售目标制定后需要进行分析、分解。之前搞活动仅仅是为了搞活动，活动策划与流程设计时完全没有考虑品牌宣传引流、促销等方面。需要改进原来盲目活动的问题，提高机构自主活动的营销能力
4	2020/1/20三个小时	张某某、李某某与机构其他全体人员	销售流程、销售话术培训与演练、销售动线的制定	进行全员营销意识的调整，普及了业绩人人有责的经营思想。提高了销售人员的专业知识培训，提高了教学人员的销售意识与技巧培训，整体提升了图所业绩，并增加了全员的收入

学习项目时间与应用计划			
实践项目一	根据出勤率判断教师上课的水平与家长的满意度		
时间	实践人一：教师张	实践人二：教师李	实践人三：教师孙　　　实践内容总评
第一周	计算出勤率，在家长中抽查教师满意度调查。发现这位老师是一名新老师，性格内向，工作认真负责，但平时跟会员沟通较少，只按照工作流程上课与服务，缺乏与家长的情感沟通。	计算出勤率，在家长中抽查教师满意度调查。发现这位老师的出勤率很高，家长和孩子都喜欢的原因，是因为老师平时喜欢和家长聊天，并喜欢给家长分享一些辅食的制作方法和自己喜欢的书籍推荐。	计算出勤率，在家长中抽查教师满意度调查。发现这位老师每个班级差异很大，有的家长和孩子非常喜欢，有的家长评价不好。发现问题在于孙老师的爆发力很强，但是工作没有条理，总喜欢自己聊得来的家长沟通。对于不主动跟自己沟通的家长容易忽略。　　出勤率是机构重要数据之一，能够评价本机构的课程质量、服务水平、沟通深度、给家长指导的满意度。第一周找出问题所在，制定实践的整改计划。
第二周	与张老师沟通，推荐沟通的线上课程与书籍，明确提出课与家长进行沟通的量化要求与标准，请另外一位擅长沟通的老师来配合张老师实践。强化对张老师的课程现现培训，每次上课前都请老教师协助带课，练习，提出调整建议。	评选李老师为出勤率明星教师，请李老师将自己的经验用文字整理成表格。给其他教师进行培训，并将自己做的一些服务内容，分享给大家。	跟孙老师沟通问题引发的出勤率不稳定，孙老师建立了一份家长沟通的家长以及沟通间都记录在表格上。沟通完一个人，就勾选，1确保自己所教的班级和孩子没有任何遗漏。　　针对制定好的计划进行实践，把学到的方法实际尝试应用，在这个过程中，执行力至关重要，管理者可以监督这个过程的执行。
第三周	张老师反复练课，并增加跟家长沟通频率，该班出勤率大大提高。	李老师逐渐将自己平时的经验整理为家长联系与沟通标准，逐步形成机构的家长联系制度。	孙老师有意识的多和之前没有沟通的家长进行交流，将这个作为常规工作进行计划与记录，改善家长的出勤情况。　　第三周观察问题的解决程度，以及学习实践中的问题，及时总结与梳理。
实践项目二	建立清晰的销售流程，引导不同需求的客户建立参观的不同销售动线		
时间	实践人一	实践人二	实践人三　　　实践内容总评
第一周	填写略	填写略	填写略　　　填写略
第二周	填写略	填写略	填写略　　　填写略
第三周	填写略	填写略	填写略　　　填写略
实践项目三	通过改变时间管理策略，提高工作效率		
时间	实践人一	实践人二	实践人三　　　实践内容总评
第一周	填写略	填写略	填写略　　　填写略
第二周	填写略	填写略	填写略　　　填写略
第三周	填写略	填写略	填写略　　　填写略

反思与作业：

1. 以最近一次参加的培训学习为参考，建立学习实践库，通过学习实践应用表单，进行三周的实践与应用分析。

2. 整理目前机构内孩子的成长档案，挑出典型的教育案例，开始建立案例分析档案，并进行持续性教育跟踪。

5

通俗易懂的感觉统合课

相信只要你进入早教行业超过三个月，就一定会听过"感觉统合"。

第一层
初级感觉系统
触觉
运动和平衡
身体姿势
计划动作能力
视觉和听觉

第一层
初级感觉系统
触觉
运动和平衡
身体姿势
计划动作能力
视觉和听觉

第二层
感觉启动能力
身体觉察能力
应用身体双侧的能力
左利手还是右利手计划动作能力

第一层
初级感觉系统
触觉
运动和平衡
身体姿势
计划动作能力
视觉和听觉

第二层
感觉启动能力
身体觉察能力
应用身体双侧的能力
左利手还是右利手计划动作能力

第三层
感知——动作能力
听觉辨别能力
视觉辨别能力
手眼协调能力

第一层
初级感觉系统
触觉
运动和平衡
身体姿势
计划动作能力
视觉和听觉

第二层
感觉启动能力
身体觉察能力
应用身体双侧的能力
左利手还是右利手计划动作能力

第三层
感知——动作能力
听觉辨别能力
视觉辨别能力
手眼协调能力

第四层
学习和准备能力
功课学习技能
复杂的运动技能
管理注意力的能力
组织行为
自尊和自控

感觉发展的四个层级(Ayres 博士)

可以说感觉统合基础知识与训练是早幼教从业人员的必修课。经济水平越高的城市，孩子的社交空间越是不足，感觉统合失调的比率也越高。作为教育工作从业者，深入掌握感觉统合理论及其在测评、游戏、指导、训练等方面的应用，是教学设计、顾问沟通、家庭课后指导必须掌握的技能。

"感觉统合"指的是人脑通过感觉系统（视、听、嗅、味、触等）接受来自周围环境中的信息与刺激，将这些信息输入大脑形成知觉，在大脑中及时对这些刺激进行处理，并做出身体的适应性反应。

在日常生活中，走、跑、跳、吃饭、穿衣服、写字等动作和行为都需要大脑神经系统感觉统合来完成。很多孩子在成长发育过程中，由于缺乏足够的环境刺激，造成好动、语言发育迟缓、社交恐惧、爱哭、脾气暴躁、运动落后等行为障碍，其原因是相关的脑神经组织与功能仍停留在与年龄发育不匹配的状态。用一句通俗的话说，这更像是"大脑消化不良"或是"大脑出现了塞车"。

在我们的一贯认知中，感觉统合只有儿童出现了感觉统合失调的症状后，才需要进行相应的训练与干预。而事实上，感觉统合理论的提出，对于开展早期教育有科学性的理论指导意义。我们无论是在家庭早教游戏，还是机构开展的早期教育专业课程，都离不开感觉统合的刺激与训练内容。作为普通的教育工作者，我们需要了解一些专业的理论，并用通俗易懂的语言，让家长理解，在这儿只介绍几个基本的概念。

（1）**触觉系统**。触觉是在感觉器官中占有主导地位的感觉。我们通过皮肤的感觉接收细胞获得感觉信息，这些接收器遍布于全身的皮肤中。轻微触碰、重压、振动、移动、温度、疼痛等触觉都可以启动触觉接收器，这些都是外部感觉，而我们通过这些感觉与外部建立了连接，这些信息对于身体意识、执行功能、动作计划、视觉辨别、语言、学习成绩、情感安全和社交技能都有重要的影响。

触觉敏感或者迟钝都会出现触觉失调的一些症状，例如被碰触时容易产生负面情绪，不喜欢刷牙、洗头、洗脸、理发等，无故的固执、脾气暴躁，容易分心、烦躁不安、过度干净、不喜欢颜料弄在手上或身上、习惯性吃手、摸生殖器、过度依恋某种物品、不喜欢与小朋友玩、2岁后还用嘴巴感知世界、喜欢光脚、不穿鞋袜，等等。如果孩子仅是有些触觉敏感的部分症状，老师可以建议家长多给孩子做触觉类的训练与游戏，例如毛巾游戏、触觉刷游戏、垫子游戏、按摩球游戏等。

（2）**前庭平衡觉系统**，它接收器位于内耳的深处，它会记录我们身体的每个动作以及头部位置的变化，接收大脑与身体的位置信息。前庭平衡觉系统具有基本的求生价值，也是最原始的能力水平之一，这项功能保护着我们的安全。奔跑、冲突、逃离、寻求事物等原始的基本功能都需要依靠前庭平衡觉系统提供正确的信息。

举个例子，我们要摔倒的时候，身体会有一种与生俱来的本能，张开手臂和双腿，寻找可以抓握的东西，这就是因为前庭平衡觉发育成熟后身体产生的自我保护的反射动作。而前庭平衡觉发育不成熟的儿童，就容易产生磕碰、摔倒等状况。前庭平衡觉作为重力接收器能够让我们的身体保持垂直与平衡、感受到移动并且调整移动的效率、对威胁保持侦测与本能的自我保护。同时在我们的生活与工作中影响视觉与听觉的处理、身体双侧协调、专注力等问题。

前庭平衡功能失调的儿童往往会出现胆小不合群、急躁、情绪波动比较大、对位置移动与旋转有抵触、坐姿不好、身体协调能力差、注意力不集中、适应新动作比较慢等症状。前庭平衡觉的发展建立在触觉的发展基础上，所以一般有前庭平衡功能失调的儿童都伴有触觉失调的症状。

我们需要通过多参加运动来提高孩子的前庭平衡觉系统的协调，婴儿期轻轻摇动就可以通过平移来安抚情绪。旋转类的游戏也可以刺激前庭系统，更重要的是，让孩子攀爬、荡秋千、充分爬行等，都是锻炼前庭系统的好方法。

（3）**视觉和听觉**，作为感觉系统的接收器官，并不是单一的发生作用，而是与前庭平衡觉系统协同发展，一起完成执行功能。视觉和听觉都有防御与辨别的功能。视觉与视力不同，视力是指能不能看到东西，看东西的清晰度；视觉是指视觉广度、深度知觉、空间关系、视觉记忆力、手眼协调等。听觉也与听力不同，听觉在胎儿期就开始发育，听觉有定位、追踪功能，也有听觉记忆、排序、辨别、统合、注意等功能。

孩子看书跳行、写作业马虎、b和d混淆、区分数字与图画细节有困难、不会走平衡木、系鞋带笨拙、精细动作手指不灵活等，这些问题都是由于视觉统合发育不协调造成。孩子对声音过度敏感、容易受到惊吓、说话大声、很难聆听、不听话、听课注意力很容易转移等，这些问题都是由听觉统合发育问题引发。

无论是给家长指导家庭延伸训练还是上感觉统合课程，视觉、听觉的统合训练都是必不可少的。在日常生活中，多引导孩子玩视觉追踪动态游戏，比如小球的滚动、抛接游戏等。听觉游戏可以玩复读机，我拍手、你模仿，听声音猜物品等。

（4）**本体觉**，有点像"身体的眼睛"，它的感觉接收器大部分位于肌肉与皮肤内，有些位于关节、韧带、肌腱等处。本体觉告诉我们身体移动与身体位置的信息，帮助我们完成反射、自动回应等动作。我们主动伸展与绷紧肌肉去对抗地心引力的时候，比如提重物、俯卧撑等，我们可以感受到强烈的本体觉。本体觉分为无意识的感觉和有意识的感觉，它和触觉以及前庭平衡觉系统紧密连接。

本体觉失调的孩子很难掌控东西，不懂拿捏力度，就是我们通常说的没轻没重。穿衣服、扣扣子、下楼梯等动作时必须用眼睛盯着，否则很难凭感觉来完成。这个类型的孩子往往给人笨手笨脚的感觉。

在生活中或者课堂里，我们多引导孩子玩搬运游戏、扔垃圾袋、推车、收集落叶、推动整理箱等，通过多锻炼孩子的肌肉力量与灵活性从而提高本体觉感受。

儿童因感觉统合产生的问题并不仅仅因为单一感觉器官发育不良，多为在大脑发育关键期环境刺激过少，而造成多项感觉器官在输入—处理—输出的过程中出现偏差。因此无论是感觉统合家庭训练、感觉统合亲子课程，还是感觉统合特训课程，对孩子除了感觉统合障碍的系统进行训练外，还要对全部的感觉统合系统进行锻炼。如果孩子只是有感觉统合问题的一些小症状，则可以通过家庭感觉统合游戏，增加社交环境，参加早教类、感觉统合类课程来丰富孩子的感官刺激。如果感觉统合问题比较严重，就需要做专业的测评后，进行感觉统合的课程训练。[1]

反思与作业：

1. 感觉统合的定义是什么？

2. 在观察孩子以及与家长沟通的过程中，发现孩子的感觉统合问题，并给家长专业的建议。

---

1 如果想详细学习教学方面的知识与内容，请参加璟舒教育系列云端课程（早幼教指导师、教学教务、全体系测评师等）。如想获取触觉训练方案，在"璟舒说"公众号回复"触觉"即可。

6

家长答疑三部曲

"我家孩子坐不住，怎么办？"

"我家孩子胆小怕生，一到陌生环境就爱哭，怎么办？"

"孩子两岁，还只能说单个字，怎么办？"

"孩子特别爱哭，脾气还很急躁，怎么办？"

"我家孩子总是打人，抢小朋友玩具，讲道理、惩罚、打骂都不管用，怎么办？"

"孩子只能看着动画片才好好吃饭，怎么办？"

…………

无论是早教、幼儿园、托育、教培机构，我们给家长提供的不仅仅是课程，更要帮助家长发现孩子成长过程中的问题，并引导家长解决相应的问题。只有这样，我们才能与家长建立深层的信任与联结，我们的机构才能长远地发展下去。

当家长向我们提出问题的时候，不要着急给出答案，只有找到问题背后的原因，才能对症下药给出建议。

会提问比会解答还有用

在提问的过程中，我们会获取更多的信息，了解家长真正的困惑。不是所有的提问都需要答案，有时候家长只是想找人聊聊天，舒缓一下紧张的情绪而已。而且，好的提问会引导家长反思，有时候我们还没有提供答案，家长已经找到了解决办法。

提问的过程中一定要重视的几个因素。

＊提问内容方面

孩子的基本信息：包括孩子年龄，是顺产还是剖宫产，有没有早产，爬行时间多久，语言情况，性格描述，自理能力等。

家庭教养方面的信息：代养人是老人还是保姆，是否重视家庭教育，家庭教养的风格，教养的负责人等。

与问题有关的信息：孩子是什么时候出现问题的。持续多久了，是否有特殊事情发生，问题发生时家长是如何做的，家人对待这个问题的看法等。

＊提问语气与状态方面

在与家长沟通的过程中，我们语速要慢，语气要平和，让家长在轻松的对话氛围中提供我们想要的信息。我们还要随时注意家长说话的表情与状态，焦虑、急躁、情绪起伏状态下给出的信息很难准确。

＊提问方式与技巧方面

在提问的过程中，我们避免使用"孩子语言能力怎么样""孩子运动能力怎么样"这样的开放性词汇。对于"怎么样"这三个字，每个家长的判断都是不同的。可以换成具体内容，例如"孩子现在能说几个字？""孩子现在可以双脚跳了吗？"……

沟通的时候，要随手记录已经获取的信息。好记性永远不如烂笔头，做记录还可以帮助我们整理思路。

问题背后的根源

我们在与家长进行互动式提问的过程中，不能仅仅依靠经验来评估孩子的问题，更要找到问题背后的根源。在分析孩子问题的时候不妨从以下两方面入手。

第一，生理方面。上两节我们提到脑科学和感觉统合的基本知识，这都是孩子问题生理层面的因素。我们在解决孩子问题的时候，首先从这个层次进行筛查与排除，可以辅助使用一些相应的测评工具。例如孩子胆小怕生是否由于触觉敏感引发，注意力不集中是否由前庭平衡功能失调引发，写作业慢是否由于手腕部力量比较弱或者视觉统合有问题引发……

如果发现孩子的问题是因生理原因引发的，就一定要丰富孩子的感官体验与刺激，借助专业的游戏、教具与训练来改善孩子的问题。

第二，心理与家庭教养方面。有些孩子胆小是因为缺乏父母的陪伴与关爱；有些孩子没自信是因为父母要求高以及表扬方式不恰当；有些孩子坐不住是因为父母干扰过多、电子产品诱惑；有些孩子的语言落后是因为被老人的爱和包办代替。

…………

我们在了解孩子问题背后的原因时，也不要忽视是否有应激事件刺激。比如，孩子被无意吓到一次后，可能会导致对某一类事物产生恐惧；再如，有的父母突然与孩子分开很久，导致孩子产生分离焦虑。

当然这些问题并不一定都是坏事，有的会成为孩子的成长契机，例如孩子因上幼儿园产生的分离焦虑，这是每个孩子都会经历的，是成长与长大的标志，家长无须过分焦虑与恐慌，理智应对即可。

通过方法给出有效建议

了解问题背后的原因后，我们就可以把问题分为不同的类型，然后给出相应的建议与策略。

＊脑发育或者感觉统合等生理因素引发的问题

如果出现此类问题，家庭训练的效果会非常有限，一方面家中器械与教具不全，另一方面家长没有接受过系统的专业培训，孩子又处于发育与调整的关键期。建议去正规专业机构参加早教课程，例如感觉统合课程、专注力课程等。只有通过家校结合、家园互动的方法，才能最大化帮助孩子调整与训练。

＊父母对孩子限制与控制过多引发的问题

家长对孩子关注过多，反而会限制孩子的自由探索。要学会适当放手，相信孩子的自主探索与学习能力。要知道，孩子成长中每犯一次错误，都是一次成长的契机。

＊父母不会沟通引发的问题

孩子爱哭、脾气暴躁、叛逆、不听话，大多是因为父母缺乏沟通的技巧，一味地采取简单粗暴的沟通方式。建议家长学习"非暴力沟通"课程，通过观察不评判、表达感受、寻找需要、具体请求四个要素与步骤，在无条件接纳的前提下，与孩子建立良好的沟通模式。

＊因为父母自身情绪与性格引发的问题

孩子是一面镜子，孩子身上的问题很大程度折射出父母与家庭的问题。紧张、冷漠、不和谐的夫妻关系，很容易让孩子敏感、胆小、回避。父母的情绪平和，是给孩子最好的成长礼物。

＊家庭教养观念冲突引发的问题

都说孩子是个特别会看人脸色的小精灵，如果家庭中不同的代养人教育差异过大，就会影响孩子的性格发展。比如父母引导孩子独立吃饭，老人则怕孩子饿着总是追着喂饭，这样的差异，不仅很难培养独立性，还容易造成孩子耍赖的问题。在教育理念不统一这件事上，采取"求大同，存小异"的原则即可。其他问题上无须太计较。毕竟，所有人的观念都统一也是不可能的。

＊溺爱的家庭引发的问题

在崇尚自由的时代，家长觉得给孩子自由，就是由着孩子的性子来。

尊重孩子的初心，却一不小心走向了溺爱的极端。而溺爱引发的各种"熊孩子"的问题，会严重影响孩子的社会交往能力，甚至让孩子在入学后会出现行为障碍的问题。建议家长树立"家庭规则"，必须让孩子从小知道，任何人任何事都要遵守规则。尤其是处 2-4 岁敏感期的孩子，这是给孩子建立规则意识的最好时期。

作为教育工作者，能够帮助家长学习预知、客观观察、冷静面对、理智解决孩子成长中的问题，是我们提供给家长最重要的产品与服务内容。提升专业技能，用专业解决家长的问题，是让家长信赖与支持我们的基础，更是我们一直坚持努力与学习的方向。

反思与作业：

1.案例：一位妈妈问孩子最近脾气特别急躁，自己很是苦恼，该怎么办？

请思考如何通过提问、定位与建议的流程，有效帮助家长解答问题。

2.建立机构常见问题解答的资料库，每日常规例会可以演练一个问题。

7

心理学效应的影响与应用

　　有这样一个故事：一群孩子在一位老人家门前嬉闹，大喊大叫。几天过去，老人难以忍受。于是，他出来给了每个孩子25美分，对他们说："你们让这儿变得很热闹，我觉得自己年轻了不少，这点钱表示谢意。"孩子们很高兴，第二天又来了，一如既往地嬉闹。老人再出来，给了每个孩子15美分。他解释说，自己没有收入，只能少给一些。15美分也还可以吧，孩子们仍然兴高采烈地走了。第三天，老人只给了每个孩子5美分。孩子们勃然大怒："一天才5美分，知不知道我们多辛苦！"他们向老人发誓，他们再也不会为他玩了！

　　老人使用的方法很简单，他将孩子们的内部动机"为自己快乐而玩"变成了外部动机"为得到钱而玩"，而他操纵着美分这个外部因素，所以也操纵了孩子们的行为。这个故事就源于著名的"德西效应"。

　　心理学家爱德华·德西曾做过一次实验，他随机抽调一些学生去单独解一些有趣的智力难题。在实验的第一阶段，抽调的全部学生在解题时都没有奖励；第二阶段，所有实验组的学生每完成一个难题后，就得到1美元的奖励，而无奖励组的学生仍像原来那样解题；第三阶段，在每个学生想做什么就做什么的自由休息时间，研究人员观察学生是否仍在做题，以此作为判断学生对解题兴趣的指标。

结果发现，无奖励组的学生比奖励组的学生花更多的休息时间去解题。这个实验证明：当一个人进行一项愉快的活动时，奖励反而会减少内在的吸引力。

无论是家庭教育，还是团队管理，德西效应都适用。尤其是对于没有遭受过贫穷经历与感受的孩子以及员工来说，如果我们还只是一味地依靠金钱奖励来刺激他们学习与工作的动力，就会发现作用越来越弱，甚至起相反的作用。

除了上述德西效应外，还有一些常见的心理学效应也很值得我们了解与应用。

（1）贴标签效应的故事。

第二次世界大战期间，由于兵力不足，而战争又的确需要一批军人，美国政府决定组织关在监狱里的犯人上前线战斗。为此，美国政府特派了几位心理学专家对犯人进行战前的训练和动员，并随他们一起到前线作战。

训练期间心理学专家们对他们并不过多地进行说教，而特别强调犯人们每周给自己最亲的人写一封信。信的内容由心理学家统一拟定，叙述的是犯人在狱中的表现是如何地好，如何接受教育，改过自新等。专家们要求犯人们认真抄写后寄给自己最亲爱的人。

三个月后，犯人们开赴前线，专家们要犯人给亲人的信中写自己是如何服从指挥，如何勇敢等。结果，这批犯人在战场上的表现比起正规军来毫不逊色，他们在战斗中正如他们信中所说的那样服从指挥、勇敢拼搏。后来，心理学家就把这一现象称为"贴标签效应"，心理学上也叫"暗示效应"。

当一个人被别人下某种结论，就像商品被贴上了某种标签。当某人被贴上标签时，他就会使自己的行为与所贴的标签内容相一致。因此，无论是教育孩子还是管理团队，都应该多贴一些正向的、积极的标签，而不是负面的标签。

（2）除了贴标签效应外，还有著名的罗森塔尔效应。

1963年，罗森塔尔与助手把一群小白鼠随机地分成两组：A组和B组，并且告诉A组的饲养员这一组的小白鼠非常聪明；同时又告诉B组的饲养员这一组的小白鼠智力一般。几个月后，罗森塔尔对这两组小白鼠进行穿越迷宫的测试，发现A组的小白鼠竟然真的比B组的聪明，它们能够先走出迷宫并找到食物。

1968年，他和助手来到一所小学，声称要进行一个"未来发展趋势测验"，并煞有介事地以赞赏的口吻，将一份"最有发展前途者"的名单交给校长和相关教师，叮嘱他们务必要保密，以免影响实验的正确性。其实，他撒了一个"权威性谎言"，因为名单上的学生是他和助手随机挑选出来的。8个月后，奇迹出现了，凡是上了名单的学生，个个成绩都有了较大的进步，且各方面都很优秀。

显然，罗森塔尔的"权威性谎言"产生了作用，因为这个谎言对教师产生了暗示，左右了教师对名单上学生的能力的评价；而教师又将自己的这一心理活动通过情绪、语言和行为传染给了学生，使他们强烈地感受到来自教师的热爱和期望，变得更加自尊、自信和自强，从而使各方面得到了异乎寻常的进步。在这里，教师对这部分学生的期待是真诚的、发自内心的，因为他们受到了权威者的影响，坚信这部分学生就是最有发展潜力的。也正因如此，教师的一言一行都难以隐藏对这些学生的信任与期待，而这种"真诚的期待"是学生能够感受到的。

（3）超限效应的故事。

一次，美国著名作家马克·吐温在教堂里听牧师演讲。最初，他觉得牧师的演讲非常精彩，自己深受感动，准备捐出身上所有的钱。十分钟后，牧师还没讲完，他有些不耐烦了，打算只捐些零钱。又过了十分钟，牧师还在继续着他的演讲，唾沫横飞。他厌恶之至，立即改变初衷，决定一分钱也不捐赠。在牧师终于结束演讲开始募捐时，马克·吐温由于过于气愤，不仅分文未捐，还从盘子里拿走了两美元。

在心理学上，这种由于人的机体受到刺激过多、过强或持续时间过长，而引发的心理不耐烦或逆反心理的现象，就是"超限效应"。

生活中也常有这样的现象，比如母亲反复告诫孩子要收拾好自己的屋子，可孩子却将母亲的话当作耳旁风；妻子苦口婆心地劝丈夫戒烟，可丈夫依然我行我素地吞云吐雾；老师语重心长地教育学生不要迟到，可那些经常迟到的人，仍然在上课很久后才姗姗来迟；公共汽车上，售票员多次提醒乘客要注意看管好自己的财物，可遗失手机、钱包的事件屡有发生；领导一次又一次地训诫员工要提高工作效率，可他们依旧拖沓懒散……

这个效应启示我们无论是教育孩子还是管理团队，批评都不能超过限度，应遵循"犯一次错，只批评一次"的原则。如果重复对一件事做同样的批评，对方心理就会发生从内疚到不安的变化，对说教感到不耐烦、反感讨厌，甚至被"逼急"了，还容易产生"我偏要这样"的反抗心理和行为。

心理学并不是神秘的学科，它在我们的生活中无处不在。将一些心理学的原理融入我们的教育与管理中，会起到事半功倍的作用。我们应用心理学知识来解答家长提出的问题，也会体现专业性，更有说服力。

解决问题的时候，请慢一点，先客观思考，再理性解决。

反思与作业：

1. 妈妈总说孩子："看，你怎么总是这么马虎，做题总是马马虎虎，真是个马虎的孩子。"这体现了什么心理学效应？

2. 机构有一个员工不喜欢销售、不喜欢发传单，老板每次都动之以情、晓之以理，讲解销售的好处和重要性等。这不仅没有扭转这位员工的思想，反而让员工更加反感和抵触销售。请问这个案例体现了哪个心理学效应，老板应该如何调整沟通策略呢？

8

练就评价好课的火眼金睛

　　我曾接触过一个"十项全能"的投资人，用"十八般武艺样样精通"来形容一点也不夸张，亲子课、音乐课、体能课都能上阵，谈单、沟通、排课，无不精通。创业一年，她陷入各种忙乱的事务中无法自拔，每周的上课量就高达二十多节，根本无暇顾及整体的运营。

　　另一个例子完全相反。早教机构开了三年，投资人没有进班听过一节课。这位投资人热衷于搞各种销售活动，看着热热闹闹，但一年到头算下来，还是亏得一塌糊涂。调研的时候，我发现该机构的消课率、续课率和转介绍率都很低，这样的情形下很难有好的业绩。

　　投资人到底要不要上课，要不要懂课程，一直是一个有争议的话题。不懂课程怕被员工糊弄，太关注课程又怕没有精力抓运营。

　　在我看来，投资人与管理者无须像教师一样把自己拴在课堂里，但必须练就一双评价好课的火眼金睛。干什么吆喝什么，作为教育机构的掌舵人，连课程的好坏都看不出来，才是管理上的巨大失误。

教学评估制度 [1]

教学评估结果与课时费、薪金级别、年终奖金等项目挂钩，它是教师薪金评级的重要依据。教学评估分为：自我评价、家长评估、教师互评及主管考核四项。

(1) 自我评价。每三个月由老师自己根据此阶段的教学情况，如实填写自我评价，上交教学中心主管。

(2) 家长评估。每半年进行一次家长评估，在前台设置教师评价箱，每节课后由家长对课程教师进行满意、一般、不满意的评价。定期由家长填写家长意见反馈表，各中心前台接待员收齐后交给机构负责人。

(3) 教师互评。教学主管每月至少安排一次本中心老师之间的相互听课和评课活动；教学主管对每位教师每月至少进行两次以上的课堂抽查；机构负责人对每位教师每月进行一次初步的综合评估，并出具评估报告存档。

(4) 主管随堂抽查考核。机构负责人和教学主管对每位教师每月进行一次抽查考核，考核时间事先不通知被考核者。不需要抽查评价整节课，几个环节即可。考核后及时与教师沟通，对其个人提出改进意见，并根据情况安排必要的培训或采取其他措施。

---

1 教学评估的评价者和维度较多，可以采用不同的评价体系与工具表格，机构可以设计符合自己需要的表格，也可以使用咨询管理公司协助设计的表格。无论哪种，各种评价表格一定要随入职登记、劳动合同、各类考核资料等归入员工在本机构的档案。

教师课程评估表

课程名称		时间			教室名称	
主课教师					评估人	

课程内容：

序号	课程环节名称	课程组织	教师仪表	语言表达	课程衔接与互动	其他
1						
2						
3						
4						
5						
6						
教师自评						
评估人评价						
备注						
				教师签字：		
				评估人签字：		
				日期：		

家长满意度调研 [1]

　　新生入学满意度调研。无论是早教、托育、教培，还是幼儿园，新生入园一个月后，都需要进行一次新生满意度调研，可随堂进行，也可在平时孩子来中心玩的时候进行。作为投资人，我们要了解家长对课程

---

1 在家长满意度调研方面，不同类型的场景与目的，可以采用不同的调研表格类型。例如试听课反馈表、新生入学调研表、课程意见征询表、综合服务调研表、家庭延伸服务调研表。

的感受，对于孩子兴趣度与参与度的评价，同时提醒家长是否把课程中的相应内容在家庭中进行延伸，并了解孩子是否有需要教师关注与调整的发育方面的特殊问题，进而更好地提供服务。

课程意见征询。针对出勤率不高，或者有新课推出的时候，我们可以在家长中提前做课程意见征询，了解家长对于课程方面的想法与感受。同时，更加针对性地了解家长对于孩子教育成长方面的需求点，对于课程升级以及整改的意见。这些既是对教学提升的关键监督，更是园所进行课程提升、课程升级、课程引进的有力依据。

综合服务调研。除了课程调研，我们建议机构每一个年度对学员家长进行一次服务满意度调研。这方面的调研侧重于家长对园所的卫生、管理、活动、服务等方面的想法与需求，从而作为园所整改服务的依据。调研中可以根据本园所实际的运营情况与服务内容列出调研项目，让家长对每个项目进行评价打分，例如卫生、接待、园所设施、游戏玩具、会员服务、活动、管理等方面。综合了解家长对园所的感受和意见，整体提升园所的综合服务质量。

家庭教育延伸调研。通过家庭教育延伸调研，可以帮助老师找到家长在家庭教育中的问题，提出有效的建议以及教养方案，从而让家长更加认可机构的专业度。这类调研每年一次常规进行即可，如果发现孩子有明显的问题时，也可以临时进行家庭教育延伸调研。

让家长满意是我们的目标，所以我们需要了解家长对园所的真实信赖程度，进而改进课程以及服务，为孩子与家长提供更加优化的教学与服务。

课程意见征询表

基本信息			
宝宝姓名			

关于我们的课程			
宝宝在课程中是否表现出愉快的情绪？	□ 是		□ 否
您与宝宝在开展游戏的时候同时有何感觉？			
您和宝宝最喜欢我们的哪个课程环节：	□音乐律动 □精细动作和认知	□大运动和探索游戏	□彩虹伞
您对我们课程设置的意见和建议：			
您对我们主题课程的意见和建议：			
您对课程更新的建议：			
您希望课程再增加哪些内容？			
您回家复习课上的内容吗？	□ 是	□ 否	□ 有可能

关于我们的师资			
您和宝宝是否喜欢我们的老师？	□ 是	□ 否	□ 一般
您对中心教师亲和力和课堂表现力的建议：			
您对教师装束、言谈举止等的感觉：			

关于我们的服务			
您对现有的会员增值服务是否满意：	□ 是	□ 否	□ 一般
您最喜欢哪项增值服务：□ 每月宝宝测评	□ 生日会	□ 手偶表演	□ 父母沙龙、监护人课堂 □ 节日主题活动
您希望再增设哪些增值服务：			

关于我们的环境				
□ 温馨宁静	□ 可爱有趣	□ 杂乱无序 □ 没有感觉	□ 一般	□ 脏乱差

您的重要意见				
下列哪些是您选择早教机构的依据：	□ 价格	□ 课程设置	□ 教师水平	□ 丰富的玩教具
□ 口碑	□ 离家距离	□ 装修环境	□ 卫生条件	□ 其他：

您通过何种渠道了解到本中心？				
□ 宣传单页	□ 他人介绍	□ 慕名而来	□ 偶然路过	□ 网络	□ 其他（请注明）

您对XXX中心的其他意见和建议：

非常感谢您的支持，您的意见和建议对我中心提高和发展，及给您的宝宝创造更好的成长条件贡献了极大的力量，在此我代表全体员工再次对您表示衷心的感谢！

中心主任：
年　　　　月

反思与作业：

1. 管理者不管是否懂专业，都随堂抽查老师的一节课程，可以站在家长的角度评价下。如果自己是家长，是否觉得本节课程物超所值呢？

2. 计划一次客户的满意度调查。

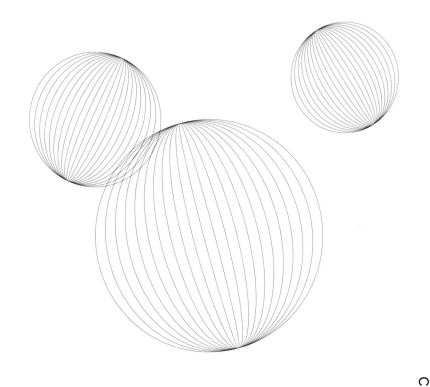

你不可不知的
客户心理

1

被创造出来的需求

今天，我们来探讨一个市场营销学的老论题：是先有需求还是先有产品？当然，我相信很多人会说，先有需求。比如说女孩子都有变白的需求，美白霜就出现了；女孩子都有补水的需求，面膜也就应运而生。

如果我们转换角度，从消费者转为商家，就会惊讶地发现，当有了产品的时候，人们的需求是可以被创造出来的。

比如，现在很多人家里都购买了榨汁机。当没有榨汁机的时候，人们已经吃水果几千年了，但是出现了榨汁机，它帮我们创造出了一个新的需求——喝果汁，而且越来越多的人相信果汁更易于营养吸收。实际上，直接吃水果并不存在营养吸收问题，榨汁机只是让人变懒了而已。

就拿早教行业来说，家长的很多需求也是被创造出来的，而不是天生就有的，作为教育机构的投资人和管理者，一定要搞明白这一点。

我发现，很多早教中心的教育顾问都有一套标准话术，对所有家长说的内容都是一模一样，就像在背产品手册一样。但早教产品又有着一两句话讲不明白的特点，家长听得也云里雾里。一个好的顾问，应该先引导与挖掘家长自身的需求。

比如家长需要提高孩子手部的灵活性，我们就要着重介绍产品中于手部精细动作有益的内容，而且要举例到上课的具体环节，让家长清晰生动地感知到孩子之后会有的变化和效果。再如家长需要提高孩子的语言能力，我们就要重点介绍课程中与语言有关的内容，以及列举课程促进其他孩子语言变化的客户见证。

在指导园所设计课程时，我们要做的第一件事就是帮助家长去挖掘需求。

一般而言，家长对教育的需求分为两个层面。

第一层面：现在的需求

比如孩子胆小、怕生、不合群、缺乏社会交往能力，我们一定要着重帮助家长分析造成这些问题的原因：剖宫产造成的触觉敏感；家长过度保护造成的孩子敏感；孩子出门太少，缺乏社交环境；父母强势、严格造成的孩子恐惧情绪等。了解了原因，我们再重点介绍课程中有哪些具体部分与环节可以锻炼孩子这方面的能力。另外，教育类产品的细分领域太多了，涉及音乐、运动、社交、思维、精细动作、阅读、专注力、感觉统合等方面。所以，一定要有针对性的介绍，否则家长会觉得跟自己没有任何关系。

如果家长并不了解孩子当下的成长情况，就可以推荐一款非常好用的测评工具。我认为测评是教育机构的教师和顾问都必须掌握的技能之一。

第二层面：未来的需求

当我们发现家长并不知道早教会教给孩子什么，也不清楚要锻炼孩子哪方面的能力时，我们可以这样问："这位妈妈，你想不想宝贝上小学之后可以坐得住，听课不费劲，学习成绩又好？"

这其实是帮助家长去"创造"关于孩子未来的需求。询问之后，可以继续分析有哪些关键能力是现在必须培养的，然后再向家长介绍一些成功案例。

比如，孩子注意力不集中、坐不住的问题，我们会详细给家长解释，其中最主要的原因是孩子的听觉抗干扰能力比较弱，无法主动过滤无效或者暂时不需要的内容。外面有一点点声音和动静，就把孩子的注意力吸引过去。

如果能够清楚地告诉家长，我们的课程可以培养孩子的听觉抗干扰能力，避免孩子上小学时出现这类问题，我们就为家长"创造"了一个需求。

再如，有的孩子各方面能力都很好，家长认为不需要上早教课、特色课等。我们也可以帮助家长分析，孩子各方面能力很好，一方面来自基因、孕期等先天因素，另一方面来自家庭教育。这给了孩子一个很好的基础，但如何让孩子一直优秀下去，家长需要适当地引导，让孩子自己找到内驱动力。

让所有的孩子都能够拥有健康、优质的童年，这是婴幼儿教育从业者的使命，也是家长们内心最大的需求。而家长的每个需求我们都满足了，还有什么产品是我们无法创造、更新与迭代的呢？

反思与作业：

1. 我们为家长推荐感觉统合课程的时候，应该如何去创造与挖掘需求？

2.2 岁的孩子出现非正常的脾气暴躁，坐不住，语言表达能力也不好，我们如何通过需求去介绍产品？

2

搞懂家长为什么要买单

芳芳是一家教培机构的销售顾问，入职半年多了，她的业绩一直不好，很多晚来的顾问业绩都已经超过了她，这对于她来说压力确实有些大。

芳芳工作非常努力，面对家长永远朝气蓬勃。与教学部门配合得也不错，可业绩就是上不来，投资人李老师看在眼里，急在心里，决定帮她分析无法成交客户的原因。

李老师花了一个周末的时间跟踪芳芳的每个销售环节，希望可以找到一些蛛丝马迹。李老师发现，芳芳的问题主要卡在了她没有真正搞清楚家长为什么要买单，也就是她对于整个销售的步骤和流程还是晕晕的。

我们先来梳理一下销售成交的十大步骤。

（1）销售准备

我常说磨刀不误砍柴工，销售不能全凭一张嘴，必须要做充分的准备，例如客户分析单、进店宝贝调研表、顾问手册、宣传单、课程规划单、婴幼儿发育表或简易测评单等。

除了一系列调研工具外，我们还要提前了解孩子各方面发育与能力发展情况，家长对孩子教育的观念、看法与期待，家长的个性特点等。前期准备得越充分，后面工作也越顺畅。

（2）调整情绪

情绪和心态对销售的成功有着重要影响，尤其是教育类行业的销售，我们不能欺骗与忽悠家长，而是真正为家长和孩子进行专业、系统、完善的教育指导，一定要有这样的笃定与自信。

（3）倾听、沟通建立信赖感

如果只是简单的物品，有时不需要沟通也可以成交，就像现在的自动售卖机。而教育行业的产品是一种虚拟的服务，家长的要求又高，选择范围也广。在这种情况下，获取家长的信赖就是销售步骤中最重要的一环。

（4）找出客户问题，创造客户需求

这个步骤在上一节已经详细讲述。在教育行业中这个步骤最好采用测评的方式，会更加客观、真实和专业地让家长看到孩子的发展情况，了解孩子各方面的能力特点，再了解家长对于孩子未来教育与成长的需求。

（5）提出解决方案，塑造课程价值

当了解问题与需求后，我们就可以给家长一些有效的建议。比如孩子不说话，可以在家练习口腔的肌肉力量；孩子触觉敏感，应该多做触

觉游戏等。我们给出一些家庭教养建议后，就开始塑造课程的价值和特色，尤其是课程能够给家长和孩子带来什么样的改善和效果。这是销售过程中家长最愿意听到的。

（6）分析竞争对手

教育机构的每个员工都应该了解当地同行的情况，了解并熟悉竞争对手的课程、活动、优势、价格等，这个步骤是可选项，如果家长不主动询问，我们在销售的过程中大可不必提及别人，只谈自己的优势以及特点就可以。如果家长询问同行业的相关课程与情况，我们要客观分析同行机构的特点与优势，再分析自己的课程性价比，或者哪些方面更加适合家长和孩子。真诚会让家长信赖，信赖会让成交水到渠成。

（7）解除客户的"抗拒点"

在最后的报课环节上，家长往往会犹豫，产生很多的"抗拒点"。比如太贵了、太远了、孩子太小了、爱人不同意、没时间、老人不同意等。家长有抗拒心理是可以理解的，我们首先要共情，然后测试一下，对方是真的抗拒，还是敷衍的借口。

"如果不考虑……（家长提出的"抗拒点"），您会选择今天的课程报名吗？"

这句话是测试家长真正需求的试金石。在沟通的过程中，我们要尊重家长对比、商量、选择的权利，但也要让家长明白，人与人交往最重要的就是真诚，即使没有成为客户，也可以成为朋友。作为一名销售人员，应该有"只要我不放弃，你永远都别想拒绝我"的毅力。

（8）试成交或者成交

有些顾问跟家长聊天的时候，一直在聊教育、聊孩子的各种问题。我甚至听过一个顾问跟家长聊了四个小时，最后家长走时也没有成交。谈单的沟通时间太久，到了该成交或试成交步骤的时候没有进行试成交，导致原本可以报名的家长却没有报名。

其实，家长进入我们机构的时候，一定是有意向咨询课程和报名的。作为顾问，不能被动等着家长主动填写报名表或者付费报名，而是在上述流程进行后，热情、主动地询问家长如何给孩子安排上课时间、什么时间安排入学的手续等。

如果家长有顾虑提出"抗拒点"，我们还可以再回到上一步进行沟通，然后再确认。如果家长是真的需要商量、对比、考虑，切不可销售过度引发家长的反感。

（9）售后服务

售后服务是非常重要的环节。教育机构销售的不是一次性产品，不像点杯奶茶、吃顿饭、买个手机似的，这些产品销售结束后基本不需要任何售后。

但教育是预付费产品，家长交付学费的时候并不是真正完成产品交付，只有课程都上完的时候才算完成了销售的全部过程。因此，家长报名后不是销售的结束，售后服务才是销售真正的开始。

（10）要求客户转介绍

每个人都有喜欢分享的天性，也都有从众心理。教育机构购买的单笔金额大，复购次数低，为了提高营业额，应该十分关注客户的转介绍。

很多老师认为家长刚刚报名不太熟悉，不愿意请求家长帮忙介绍。其实不然，人都有新鲜感和冲动性，在刚刚购买产品的时候，如果觉得产品好，是最容易进行转介绍的。时间久了反而会疲乏，转介绍的动力减弱。因此，顾问可以跟新报名的家长沟通，是否有同小区平时一起玩的孩子的家长可以介绍下。真诚沟通下，家长会非常乐意帮助顾问老师进行转介绍。

只有完成这十大步骤[1]，才能算是一个完整的客户沟通与销售流程，才真正完成客户价值的挖掘。

早教行业中的销售顾问大都很年轻，所以与教育相关的专业技能培训就显得尤为重要。销售人员一定要带入自己的感受，弄明白为什么一定要上早教，如果自己都说服不了自己，更不可能让家长买单。

我们不能只局限在教育的小圈子里，我们要把自己作为商家，把家长作为消费者，把教育的课程作为商品。思考一下，当我们把商品推销给消费者，消费者买单的理由有哪些呢？

（1）为品牌买单

消费者是愿意为品牌买单的，比如我们买奢侈品更多的是看到品牌背后赋予我们的价值。比如很多人会为苹果、路易·威登、海蓝之谜等品牌买单，先不管好不好，这个品牌就值钱。

（2）为产品买单

很显然，商品本身的品质是最基本的。在这里我不得不提一下日本的匠人精神。他们会把一件小事情做千百遍、做几十年，将之上升到文

---

1 璟舒教育的销售训练营中对成交的每个步骤都分别对应相应的课程进行讲解。

化层面。比如他们将一碗拉面做几十年，一直做到米其林水准，而不是仅仅将一碗拉面做好吃之后就开连锁店赚更多的钱。

教育行业真正的好产品并不是单纯的好的环境、教具以及好的课程教案，而是好的老师，能把教案写好把课上好的老师才能留住家长，家长才会愿意买单。

（3）为服务买单

好的服务是客户买单的基础，对客户来说，我们提供的不仅仅是四十五分钟的课程内容，更是与教育相关的成长过程——为孩子提供丰富的视听觉发展环境以及社会交往环境。尤其是早幼教类的课程，辅导家长如何与孩子游戏、沟通，解决孩子家庭教养中的成长问题，这些才是家长真正需要的服务内容。

（4）为流程化买单

尽管我们都希望有一个稳定的团队，但人员流动也在所难免。所以，将产品与服务品质执行到位就需要标准规范的流程。

从入店流程到销售动线流程，从客户初次沟通流程、二次沟通流程、邀约到访流程到接待流程，从用户跟单流程、用户反馈流程、签单流程到活动执行流程，从客户跟踪流程到家庭教养情况跟进流程等，只有这些我们都细致梳理了，家长才会觉得安全与正规，管理非常用心。这时候再有一些细小的变动，比如人员更替，新手老师也能够很快进入状态，做好服务，获得家长认可。

（5）为顾问人格魅力买单

这是销售的最高境界，也是我们最需要学习与修炼的地方。

教育类的课程产品有一个比较大的问题就是不好呈现，产品的差异几乎只能靠顾问老师讲解，很难让家长在未购买、未体验之前看到明显的差异，所以，家长在为课程买单的时候，除了对机构口碑和品牌的信赖，更多的却是对课程顾问本人的信赖，为这个人的人格魅力买单。

不同个性类型的顾问适应性与匹配度也不同。

有的顾问天生看上去就特别朴实真诚，容易让家长建立信赖感。

有的顾问天生自来熟、热情，让家长觉得很有亲和力，很快能成为朋友。

有的顾问比较爱美，气质很好，会让家长觉得很符合身份。

…………

人格魅力不是一天练成，自信来源于专业知识的学习和积累，亲和力来自对生活和工作的热爱，有礼貌来自教养，真诚来自成长，眼神、语速、仪容仪表来自系统的职业素养培训。

当芳芳彻底搞清楚了成交的步骤后，她认真分析了客户的心理需求，还调整了自己的妆容，让自己更加自信地面对客户进行"临门一脚"。原本就很真诚、乐于助人、人缘好的她，克服了最关键的心理恐惧后，销售业绩很快就提上来了。两年后，芳芳成了销售主管，还成为李老师心中最佳的园长候选人。

反思与作业：

1. 熟悉并练习成交的十大步骤，整理出自己机构的销售流程。

2. 为每个顾问与老师设定一个个性化的人设，激发他们把人格魅力发挥到最大。

3

倾听三部曲，走进家长的世界

　　小王是一名早教中心的销售顾问。她投身早教行业是因为自己有了宝宝，而且本来就喜欢与人沟通。她信心满满，每天都会学习大量的教育理论和销售技巧，还记了大量的笔记，她相信通过自己的努力一定能够成为一名优秀的早教顾问。

　　但是，最近她的工作陷入了瓶颈，本来十拿九稳的客户纷纷没了音讯。难道她的专业理论和销售知识都白学了吗？她摸不清头绪，不知道下一步该如何是好。

　　我到这家机构做咨询培训的时候，请小王做了实战演练，并全程录制下来。我没有直接提出问题与建议，而是让小王自己看了一遍录像，请她谈谈感受。在我的启发下，她发现了自己的问题。在整个谈单的过程中，她一直在不停地说，尽管讲得挺好，但没有实现真正的沟通。

　　其实，很多销售顾问都会陷入这样的误区，认为只要说得够多，介绍得够全面，家长就能够报名。其实，真正能打动家长的往往不是填鸭式灌输教育的重要性，而是通过倾听寻找重要的线索与信息。

　　倾听不是销售技巧，而是人与人之间建立信任关系的方法。无论是销售过程、家长与孩子之间，还是领导与员工之间，倾听都是打开信任关系的一把钥匙。

作为顾问，学会倾听，才能真正走进家长的世界，挖掘家长的需要，与家长建立信赖感。

第一步：倾听家长的话

作为顾问，最重要的工作是与人沟通交流。有效沟通的关键在于倾听——不是你说了多少，而是你听了多少。我们在与家长的沟通中，不要完全把握交谈的主动权，要让家长有发言、吐槽、发牢骚的机会，哪怕是家长提出不认同或者否定的观点，我们也要认真倾听。

当家长说话的时候，我们不要急于评论或者回答，耐心倾听家长说的内容是什么。只有了解家长说的内容，才能够建立第一步信赖感，才能让家长听得进去我们说的话。

无论是在工作还是生活中，倾听比说话难上百倍。我做过一个测试，我说完一段话后，让听的五个人分别叙述的时候，出现了五个版本的内容。

第二步：倾听家长的言外之意

我们在与人交流的时候，很多时候会顾忌双方的面子或保护自己的自尊心，不会把话说得那么明白。比如，有的家长不直接说课程太贵了，而是会说这么多课时孩子上不完，想先报个试听课；很少家长会说你们家的课程好像不太专业，你们家卫生条件太差了，而是会说你们家挺好的，但好像不是我需要的，再考虑考虑等。

作为教育行业课程顾问，一定要能听懂家长的言外之意，千万不要情商掉线。家长各种暗示你要优惠，你还在疯狂介绍课程优势；家长关心课程的作用，你却告诉家长现在报课有大优惠。家长有时候说出的话表达的含义并不一定是真正的含义，只有在倾听内容的基础上，进一步分析这句话背后想要表达的是什么，才能更好地解除家长的"抗拒点"，完成最后的销售。

我们都有过当消费者的经历，当遇到一个"听不懂话"的销售，我们是很难继续聊下去的，更不要提成交了。而当遇到一个心思细腻，很懂话的销售时，我们可能会购买很多东西。

第三步：倾听家长的肢体语言

很多时候我们说一个人特别聪明，什么话都没说他就明白我们要什么了。这就是聪明人的魅力，懂得肢体语言的信息。在沟通过程中，人们的表情、动作、行为都在透露着内心的想法。

作为销售顾问，读懂肢体语言，就能够更好地把控客户的心理。家长在跟你沟通时并不看你，而是四处环视，代表他对你说的话不感兴趣；家长的眼神在某个地方停留很久，代表他对这个感兴趣；家长坐下来双手交叉，代表他对你的防御或者不赞同；家长不停地看手机，代表他对你说的话感到反感，不想再听。

当家长有这些肢体语言的时候，我们先不要着急去引起家长注意或者进一步沟通，可以用一些技巧将家长的注意力重新吸引回来。如果家长的眼神停留在某一个地方时间过长，可以就这地方的内容开展话题；

如果家长双手交叉呈防御状，可以通过给家长递水，或者给家长示范教具使用等方式，慢慢解除家长的抗拒与防御心态；对于四处环视、看手机的家长，我们可以通过提问引导家长回到感兴趣的话题。

所有的这些都有一个重要的基础，就是专业与信任，只有顾问足够专业，让家长相信我们的课程与服务，这些技术才能发挥最大的作用。如果只是想完成业绩，没有热爱教育的初心，再好的沟通技术都无法发挥作用，反而会引起家长的反感。

我们要永远记住，任何一个消费者都不傻，都能够感受到销售人员是否真心。这是销售的成功之"道"。

反思与作业：

1. 请一个顾问举出一个案例，复盘倾听的过程。

2. 当顾问给家长介绍课程的时候，家长问，你们老师都是什么资质？分析这句话的言外之意是什么？

4

会提问的人更懂客户

有一家早教机构新来了一个课程顾问，之前也没有太多的早教行业的经验，但两个月后，公司的销售冠军就易主了！其他顾问都特别奇怪，她到底有什么不同寻常的本领呢？

投资人张老师也有些好奇，于是选一天不忙的时候来观察，终于发现了一些端倪。她发现，这个顾问每次与人沟通都娓娓道来，给人的感觉非常舒服。最重要的是，她十分乐于充当提问者的角色，通过一个又一个问题，让家长感觉出她的重视与关心，同时也在互动中找到了答案。

有人会说，这不就是问问题，我们平时也会这么做，也没见有什么作用。其实，提问是一门艺术。善于沟通的人，都懂得使用提问技巧，引导对方充分表达自己的想法与需求，从而获取销售中的重要信息。

在多年的教育咨询中，我发现只有会提问的顾问才能真正走进客户的心里，真正与客户建立情感连接。能否提出让对方舒服的问题，显然是需要一些技巧的。

提问的技巧

技巧一：选择性问题的提问

对待刚刚接触的客户，在建立信赖感的初期，不要提开放式问题，一定是能够明确回答选择性的问题，而且要尽量简单。

例如：

"平时带孩子比较多的是您，还是老人呢？"

"您平时每天陪孩子玩的时间大约有多久？一个小时，或者三个小时？"

"您平时有那种困惑吗，就是孩子在身边，但您总是不知道玩什么对孩子好？"

"您跟孩子的奶奶在教育方面的观念差异大吗？"

"当孩子发脾气要某样东西的时候，您是马上拿给他，还是会等几分钟？"

…………

技巧二：开放式问题的提问

"您计划让孩子多大上幼儿园呢？"

"孩子发脾气的时候，您一般都会怎么做？"

"您最关注孩子的哪项能力发展？"

"您希望您的孩子在课堂上最大的收获是什么？"

…………

技巧三：边提问、边记录、边确认

专业的顾问在跟家长沟通的时候，都不会只凭一张嘴，而是手里有纸有笔，边听边记录，边跟家长确认一些信息。这样才是专业的互动与沟通。

技巧四：循序渐进、察言观色

顾问在与家长沟通的过程中，切记不要没完没了的一直提问，更不要弄得像查户口，引发家长的反感与防御。不同性格的家长对提问后的反馈完全不同，作为顾问要学会察言观色，如果发现有不妥之处，就停止提问，或者切换提问的内容，聊些能够拉近距离的轻松话题。

技巧五：成交时的提问方法

心理学上有一种惯性的心理暗示效应。比如我们不断点头或者举手的时候，就代表对对方观点的赞同。如果家长一直在问题中回答"是"，潜意识里会慢慢降低防备，逐渐认同，成交就很容易。什么样的问题，能够让家长只能回答"是"呢？

"您一定希望孩子上幼儿园能够过渡得特别顺利，是吗？"

"您一定希望孩子上学后能够该玩的时候玩，该学习的时候立即进入状态，是吗？"

"您一定希望孩子上学后能注意力集中，认真听讲，是吗？"

"您觉得孩子上学后的很多问题，比如写作业拖拉、坐不住等问题不是一日形成的，而是长期的习惯，是吗？"

…………

每个家长都希望孩子能够拥有自主学习能力、良好的社交能力以及掌握更多的生存技能，而这些关键能力的培养就在早期教育阶段。家长产生紧迫感，认同早期教育的必要性，在有消费能力的情况下，自然会顺理成章的报名课程。

好的提问能够瞬间拉近我们与家长之间的距离，让家长更加信服我们的专业。好的提问也可以让我们跟家长的沟通更加有针对性，聊天要聊别人爱听的，就是这个道理。

解答家长问题的技巧

无论是陌生客户还是老客户，向我们提问就代表对我们的课程与服务感兴趣。当家长提出问题时，我们应该遵循以下几个步骤进行解答：

第一，倾听。别人提出问题时，听清楚问题非常关键。如果在面对面的过程中，要注意眼神、表情的专注，同时用笔适当的记录。

第二，分析问题背后的各种可能。当了解了很多信息后，我们进行相应的梳理，并给家长分析可能引发问题的原因，不要仅分析一个原因，可以分析多种可能，将专业的知识点传递给家长，这个环节是显示顾问与教师专业的重要一环。另外，说话不要太过于肯定，给自己留有余地，多用"我个人认为"这类的字眼。

第三，给家长一些切实有效的建议。分析完可能形成问题的原因后，就要给家长一两个解决问题的建议。这个环节是非常体现专业与经验的，也是让家长信赖的关键一环。这就要求教育机构的所有员工都必须学习专业的知识，尤其是针对孩子各种问题的家庭处理技巧与方法。这种学习不能一蹴而就，而是需要点滴的积累。

第四，要"说人话"。就是能让对方很容易明白的话。沟通与讲课一样，应该深入浅出，用简单的方式引导对方明白更深刻的道理。但如果我们"不说人话"，只用那些背下来的专业名词，客户的心就会离我们越来越远，成交也就越来越难了。

宝贝调研表示范：

家庭教养情况调研表

宝宝姓名：＿＿＿＿＿＿ 生日：＿＿＿＿ 年 ＿＿ 月 ＿＿ 日

性别： ☐ 男宝贝 ☐ 女宝贝

宝宝家庭情况：

妈妈情况	姓名		年龄		学历	
	职业		联系电话		email	
爸爸情况	姓名		年龄		学历	
	职业		联系电话		email	

★ 从家里来这里您是：☐步行 ☐乘坐公交车 ☐打的 ☐开车

★ 从家里到这里要用的时间是：☐不到 15 分钟 ☐15-30 分钟 ☐30-60 分钟

★ 您是通过什么途径知道 ××× 教育的?

☐朋友介绍 ☐微信朋友圈 ☐抖音 ☐路过 ☐折页或广告 ☐其他

★ 您之前是否了解过早期教育?

☐听说过 ☐朋友孩子在上 ☐了解过相关知识 ☐不了解

★ 分娩方式：☐顺产 ☐剖宫产 喂养情况：☐母乳 ☐人工 ☐混合

★ 宝宝看护人：☐全职妈妈 ☐老人 ☐保姆 ☐其他

★ 宝宝受教育情况：☐参加过亲子课程 ☐已上幼儿园 ☐一直在家 ☐其他

★ 宝宝成长过程中遇到的问题：

□爱吃手指　□脾气暴躁　□语言迟缓　□任性蛮横　□好动不安　□乱扔玩具 □爱吃零食　□情绪不稳　□不爱说话　□睡觉易醒　□爱看电视　□不合群 □性子急　□胆子小　□爱哭闹　□要喂饭　□动作慢　□固执　□叛逆 □在家外向，在外内向　□没自信　□习惯差　□抗挫折力差
★ 您注重的能力培养有哪些：（可多选）：
□语言　□认知　□社交　□性格　□习惯　□专注力 □逻辑思维力　□其他
★ 您对我们中心哪个课程更感兴趣：
□ ××× 　□ ××× 　□ ××× 　□ ××× 　□ ××× 　□ ×××
★ 如果您接收育儿资讯，您更愿意采用哪种方式?
□电话沟通　□邮件　□微信　□QQ　（您的号码）
接待老师：　　　　　　　　　　　到访时间：
感谢您的配合，××× 将用最专业的爱陪伴宝宝健康快乐成长！！！

反思与作业：

1. 尝试制作一个宝贝调研表，作为提问的素材参考。

2. 请根据自己机构的课程体系，整理出三个让家长只能回答"是"的成交前使用的引导性问题。

5

从普通客户到忠实客户的距离

　　我们在前面关于业绩分解的部分讲过，首先要分析老客户的续课所带来的业绩和收入，其次是客户新增带来的业绩。在分析客户新增来源的时候，来自老客户转介绍的部分应该是最主要的客户来源，最后才是市场的运作所带来的引流资源。

　　一家机构如果拥有了稳定的50-100个"忠实客户"，每个"忠实客户"都会至少有5-10倍的裂变资源，而且"忠实客户"还会多次进行转介绍。这样就为机构储备了大量的潜在客户资源。

　　十几年前我在早教机构工作时候，那时候还没有"转介绍""忠实客户"这样的概念，但我已认识到服务客户的重要性。我对家长和孩子的服务非常细致，每个阶段都会给孩子做测评、入户家访等，因此与家长关系非常密切，有的家长还会帮忙派发资料。甚至到现在，我还与这些家长有联系，有不少人在听我的微课。

　　我听到过很多教育机构的案例，会员家长的老大都毕业了，还回来帮忙主持活动，老二继续选择在这家机构上课。我也见过一家机构的超级忠实粉丝，在机构上课期间，累计介绍了将近二十个家长成功报名，只因他的孩子在这家机构的成长变化特别大，他对该机构的教育理念、教育方法非常认可。

分享是人的本能，只是有没有撬动家长的这个本能，就要看我们对家长和孩子的服务是不是真的用心。

普通会员家长发展为"忠实客户"，我们需要做好以下三个方面。

关注

我们想要家长成为忠实客户，就要对家长进行足够多的关注。课上课下有没有与家长充分沟通孩子的情况？家长询问的问题有没有及时回应与解决？活动通知的时候我们是不是最先通知会员？家长的朋友圈我们有没有访问、留言、互动？发现家长发一些情绪不好、寻求帮助的朋友圈信息的时候，我们有没有私信关心？我们上一次打开对话框与这位家长沟通是哪一天？家长有一些不满或者抱怨的时候，我们有没有第一时间解决？

人类不是孤傲的个体，而是群居生物。每个人心底无时无刻不渴望着被人关注，而被人关注最好的办法就是先关注别人，这样我们才能被家长关注。

沟通

仅仅关注是不够的，想让家长成为"忠实客户"必须进行真正的沟通。

真正的沟通是走心的，是互动的，是有针对性的，是个性化的，也是分层次的。家长报名后，我们要先通过测评了解孩子各方面的发展情况，还可以通过家庭教养方式的测评表，了解孩子的教育与成长环境。

给会员建立 VIP 家庭服务群进行服务也是一种很好的沟通方式。沟通一定是一对一的，而不是建立一个班级群就能够解决沟通服务的问题。

通过家庭服务群进行沟通的步骤参考如下：

（1）家长报名后三日内建群。每个孩子一个群，群内成员为爸爸、妈妈等全部家庭成员以及前台、老师、顾问、店长。

（2）上课前一日发送课程精彩预告以及上课注意事项。

（3）上课当日结束后不得晚于 24 点前发送本日上课照片、宝贝课堂评价与课后延伸指导建议。

（4）如果家长提问，相应负责的老师应第一时间解答，如果老师上课或忙于其他事情，顾问与前台可回复，不允许让家长感觉无人回应。

（5）维护比较成熟的家庭群后，请老客户介绍新客户时，可以拉进此群，观看课前预告、课程精彩画面与课后的延伸指导等，顾问再进行跟进。

（6）如果孩子因病或因事请假，老师应该将错过的课程大纲与游戏简要以及对孩子的关怀在群内发送给家长。

（7）使用家庭服务群进行沟通时还需要注意，群主一定为机构投资人或者专门的客服，如遇老师或者顾问辞职，请该人员三日内退群，加入新的工作人员即可。如果是托育家庭服务群内每日每个孩子不少于三张照片。如果家长提出任何问题，均需要马上给予回复并安排相应解决方案。

我们在和家长沟通的过程中，最重要的一件事情就是"说人话"，也就是用简单、易懂的语言进行交流。沟通到位了，必然会有一部分客户成为"忠实客户"。

服务

在此提及一点，必须让已经消费过的家长感觉到课程有效、孩子有变化、自己也有变化。在这个前提下，我们再提供一些丰富的服务内容，例如集体的生日会、爸爸妈妈生日的惊喜问候、父母课堂、监护人课堂、成长档案、定期成长测评、会员专刊、家庭魔法学校等。服务内容越丰富，家长的黏合度越高，转化为"忠实客户"的概率就越高。

谈到服务就不得不提感动服务，感动服务是最能够培养品牌忠实客户的，是让人意料之外的服务，是让家长惊喜甚至惊讶的服务。

这是一家机构的真实案例。在登记家庭资料的时候，销售顾问了解到，除了要来上托班的二宝外，客户家里还有一个即将中考的大宝，而且在朋友圈中发现，这位客户对大宝未来的升学很是焦虑。报完课后，这位顾问开始关注中考信息，并在考前几个月送了这位客户一套吉祥考试用具和一个护身符。客户收到礼物的时候特别惊讶，因为从来没有直接提过大宝今年中考的事情，而且，这个顾问老师并不要求什么回报，只是用心对待自己服务的每个家庭而已。这就是感动服务，毫无疑问，这位妈妈成了这位顾问的忠实客户。

无论是关注、沟通还是服务，既要有最低的标准化流程，又要有差异化与个性化。差异化是在给每个客户进行十分标准化服务之后，再为部分重点客户进行十二分服务。只有不断超出家长原有的预期，他们才有可能成为"忠实客户"。

严格意义来说，我们给予每个客户的服务都应该是具有差异的，而差异化的本质并不是我想给予对方什么，而是对方的情感感受需要什么样的差异化。在机构中开展感动服务，让家长真正感受到我们的不一样。而这些点滴可以汇聚成故事营销的真实素材，这将比任何销售话术更加具有说服力。

反思与作业：

1. 整理出机构的会员名单进行分析，真正的忠实客户到底有多少？

2. 请老师进行一个家长的案例分析，进行感动服务的计划。

6

品牌宣传的三驾马车

俗话说"酒香也怕巷子深"，就拿酒类企业来说，他们的营销成本也要占到营业额的20%以上，可见市场营销在当今商业社会中的重要性。

但是，早幼教行业大多是小微型企业，不可能拿出大量的资金投在广告上，同时早幼教机构受很大的地域限制，作为线下持续性服务，辐射的消费者范围基本就是周边十公里以内。所以，早幼教机构的品牌宣传要另辟蹊径，不能仅靠砸钱做广告。

幸运的是，互联网让资讯信息传播得更快，品牌宣传成本也越来越低，作为教育机构，我们一定要跟进时代步伐，充分利用新媒体释放的红利，不断塑造自身的品牌效应，不断扩大影响力。

教育机构品牌宣传的三驾马车

早幼教机构大多是中小规模，又受地域的限制，所以宜选择成本低、见效快的品牌宣传方式，比如异业合作、社群运营与活动策划。

异业合作：能够为教育机构带来大量的潜在名单与资源，如果能够有效地利用这些资源，将会解决引流的入口问题。异业合作注意几个要点。

第一，充分考虑联盟商家的利益，本着真诚、长久、互利的原则，切不可只想着自己的短期利益，也不要只是停留在互放宣传单、交换名单的浅层次合作。异业合作一般不见得一次有明显的效果，尽量保持长期深度合作。

第二，异业合作的名单都是没有经过筛选和维护的，不适合直接电话邀约，而应先让家长获益，比如通过免费赠送适龄的绘本、音乐、家庭教育指导方案，或邀请参加免费的大咖微课等方式，与家长建立初步信赖感。

第三，异业合作可以用联合活动的方式来将各自的优势发挥到最大，给对方的客户带来更好的体验，进而引流到自己的客户储备资源中。

第四，异业合作的范围极广，甚至没有不能合作的商家，只是跟不同类型的商家合作的方式不同而已。

第五，异业合作更多考验的是投资人本身的人格魅力、人脉资源与谈判能力。

社群运营： 建群不难，但不是所有的群都能叫作"社群"。社群能持续存在，要么有强烈的情感依赖，要么有现实利益。社群运营是否成功也不是看人数，而是看活跃度与服务的满意度。500人的社群未必比80人的社群成功。

社群运营分为拉新、存留激活、商业变现三个步骤，而为了不断地存留激活社群内的人员，我们就要建立相应的群规，定期清理与淘汰不互动的人。

社群分为引流社群、产品社群、服务社群、合作社群、福利社群等不同种类。决定做社群，就要像机构的活动一样坚持下去，而不是想起来就做，想不起来就放下了，这样不仅不会起到品牌推广的作用，还会影响口碑。

社群活动的主题和内容非常关键，好的主题会吸引非常多的客户加入，例如线上育儿吐槽大会、辩论赛、脑力大闯关等。活动也不宜频繁，一月一两次足以。

活动策划：不仅是完成业绩最主要的配合方式，更是教育机构品牌宣传的最佳途径。教育机构的地域性特点决定了客户辐射范围是有限的，不断做活动，不断让品牌曝光，都会让品牌效应深入人心。

品牌宣传就是要不断出现在人们的视野，而活动就是品牌不断地出现在家长面前的有效方式。定期的户外课、户外活动、室外运动会、泼水节、纳凉会、环保节等，都能够起到非常好的品牌宣传作用。

对外发的每张图片、每个文字都是品牌形象

我们在日常经营中会进行各种各样的线上线下活动，活动素材的准备常常是被我们忽略的事情。临时抱佛脚保证不了素材内容的品质。非高清的海报打印出来满是马赛克，语句不通顺的标语挂满园所，更有甚者，将没有任何审美可言的海报发到朋友圈宣传。

还有一种比较普遍的现象，就是一段文字，全员老师不加任何思索，也不会稍做修改，直接粘贴复制转发，甚至很多老板都是如此操作。其实每个人花五分钟时间，把原有的素材检查一遍，修改成自己的语言，加一点自己的观点再去转发，会更引起别人的关注。

对待宣传素材本身我们要用心、尽心，尽量使用符合主流观念审美

的海报。海报墙以及机构内环境创设也要实时更新、与时俱进。因为这些都是代表着机构的品牌形象。

让用户变为真正的参与者

思考一个问题，客户究竟担当着一个怎样的身份。如果你的答案是消费者、受益者、被服务者，那么说明你的营销观念还停留在上个时代。我们发现越来越多的产品已经不断进行革新，让用户真正地变为参与者。

在户外活动上，在进店参观的销售动线设计上，在园所宣传板的展示上，在公众号文章的撰写上，在短视频的拍摄上，在活动环境创设与场景搭建上，我们有几次真的考虑到家长和孩子在整个活动中的体验和动线？又愿意花多少工夫思考这些问题？可这些恰恰都是品牌文化的一点一滴渗透与传播。

现如今市场发展瞬息万变，无数企业还没开始大战，就倒在了创新和宣传的台阶上。而作为早教机构投资人，如果相信酒香不怕巷子深，只怕客户还没走进巷子，你就先撑不住了。

反思与作业：

1. 对自己机构的公众号进行整改计划，调整采单栏，制订每月公众号文章的发布计划。

2. 思考下现在是否有社群，社群的活跃度如何，进行一次社群活动的策划。

7

羊毛党与转换率

占便宜的心理自古就有，人们都想花更少的钱，得到更高价值的东西。正因为大众有这样的心理，才会催生"双十一""618"等购物节，也催生了电商会员卡的各种优惠玩法。

近几年，这些五花八门的优惠玩法也开始进入到早幼教行业。优惠是一把双刃剑，一方面通过各种引流扩大了机构的品牌知名度；另一方面也滋生了所谓的"羊毛党"——蹭课群体。有这样一群家长，每逢低价活动或者免费福利的时候就积极参加，正式报课的时候却消失不见。他们可以同时报几家机构的体验课程，轮流带孩子上课。有时还会组团行动，哪里有优惠到哪里。我们先不评论这样对孩子的教育发展是好是坏，而是要反思一下，是机构的过度营销让这类家长有机可乘。

在竞争日益激烈的市场环境下，似乎不搞优惠就会占不到市场的先机与份额。对此，每个投资人务必保持理智，根据自己机构的具体情况来进行优惠活动的设置，才能有最好的效果。盲目跟风的降价促销，只会让机构的运营成本进一步加大，利润不断减少，甚至陷入不可置信的亏本经营状态。无论再花哨的促销都是锦上添花，都是在把运营服务的基础都做好的前提下进行的。

优惠的原则

机构发展的不同阶段，采用不同的优惠策略。开业时人气最旺，可以采用小课包、多重优惠的方式，增加会员人数。而机构发展稳定后，就必须保持价格的稳定，涨价可以，切不可轻易降价，这会引发之前报名客户的抱怨，更会降低机构的口碑。优惠活动无论怎么玩，都必须遵循与教育相关、有底线、有规则、有标准、老客户优先以及公平公正的透明原则。

优惠的玩法种类

谈到教育机构的优惠玩法，首先想到的就是打折、送课、减现金，其实种类远远不止这些。为了提升购课率，我们需要与时俱进，经常看看其他行业的优惠促销玩法，无论是商场、超市、房地产还是电子商务，都可以借鉴到教育机构中使用。例如送异业产品、送增值服务、送定制版活动、满额减、拼团、抽奖、自定义减额、激活券、集点卡、规则券等。

优惠的技巧

前面报名的客户不满意，之后报名的客户不甘心。教育机构的优惠应该搞得有趣、丰富、好玩，让家长把关注度放在教育与好玩上面，而不是仅仅关注贵或是便宜了块儿八毛的。可以采用"多重优惠"和"游戏性优惠"的方式，让优惠变得更好玩，让爱占便宜的家长也能得到心理满足。

多重优惠：就是把各种优惠方式放在一起，例如 9 月开学季惊喜五重礼——满额减、抽奖、送开学礼、送课程、送活动卡五重礼包。每次活动排列组合的优惠方式都不同，而抽奖又可以有红包、砸蛋、转盘、种树等，可以根据每个月的活动主题，举办与主题相应的促销活动。

游戏性优惠：优惠如果是家长和宝宝在参与活动的时候挣到的会更加有趣，同时增加家长的报名意愿。教育机构不要只是直接粗暴的打折、减现，因为怎么优惠都依然有人嫌贵。游戏性优惠主要是为了促使犹豫、纠结、对比的家长快速报名。使用游戏的方式会让家长更有参与感，成交的概率也会高。

如何应对"羊毛党"

在日益丰富的活动与优惠活动中，我们要根据活动目的与内容设定准入门槛。比如在设定低于 50 元的引流卡的时候添加裂变规则玩法，用好友拼团、好友助力、邀请减现等活动，让这部分已经占了便宜的用户可以"更优惠"。

活动前的客户定位与客户分析非常重要。如果机构的品牌性很强，有基础潜在客户与重视的会员，引流活动是锦上添花，我们自然可以摆出高姿态，选择与我们理念最相符的客户进行服务，对于"羊毛党"可以通过名额限制委婉拒绝。我们不用卖好给任何人，我们的忠实客户、会员自然也会帮我们助阵，取得好的活动效果。

但是如果引流对于机构是背水一战的状态，就没有太多用户甄选的机会，只要占便宜的客户能帮助宣传，他们就是有效的受众客户。虽然不能产生报单业绩，但是他们会帮我们做积极正面的传播，还可以利用优惠让他们成为"义务推广员"。

当然，如果"羊毛党"得便宜卖乖，起不到积极作用还惹麻烦，那机构中就可以建立一个活动黑名单，当这类客户再参与我们的全民引流、无门槛的活动时，我们要礼貌微笑、温柔而坚定地拒绝。

无论什么样的优惠促销都是要配合活动的整体方案、执行与运营来决定。当新用户量不足的时候，我们需要做引流活动、线下地推采单、异业合作；当名单量多的时候，我们需要进行引流卡和转化的活动；当精准客户积累到一定程度，我们就需要进行促销成交类活动。

三驾马车

总体来说，新用户业绩、待成交客户业绩、老用户续费是机构业绩的三驾马车，缺一不可。其中对于新用户我们通常采取的方式是转化为待成交客户之后进行成交，可是在部分大型营销活动的时候，我们会缩短甚至跳过这个周期直接成交，但如果新用户业绩过高，机构的服务可能会出现问题。根据机构的成本、规模、课程种类与上课频次不同，三种业绩的构成比例也不同。

新机构由于没有用户积累所以新用户业绩和待成交客户业绩是主导，而已经拥有市场份额且口碑好的机构，主要的业绩来源于老客户续费。老客户续课率如果低于50%，就需要自查课程质量与服务水平，以及课程体系是否支撑续课的孩子年龄。如果老客户续课率正常，名单数量高于用户需求量，说明应该进行促销成交，如果反之，就需要进行引流、地推采单与异业合作增加名单数量。每家机构的待成交客户成交率不同，待成交客户的比值高低也不同。这不仅要分析客户的质量，更要看机构的专业水平和销售能力，机构需要不断通过销售技巧配合优惠促销提高待成交的客户业绩。

反思与作业：

1. 根据最近一个月的活动计划，设定一个有新意的促销方案。

2. 针对累积消费金额超过一万元的老客户，制定一个特殊的回馈续课与优惠方案。

走心的服务
大于一切

第 六 章

1

教育也是服务业，你认同吗？

　　无论是早教、幼儿园、托育还是教培，既是教育行业，又是服务行业。无论是民营教育还是公立教育，都要服务学生、服务家长，通过服务达到影响、引导他人的目的。

　　不少投资人问我选人的时候有什么要点，我说要重点评估员工的服务意识与销售意识，具有这两种意识的员工，其成长速度与晋升速度极快，职业道路也会特别宽。而缺乏这两种意识的员工，到哪里都干不太好。

　　对于很多早教机构来说，为什么投了那么多钱，做了那么多工作，却没有得到家长的认可与支持呢？因为没有认识到早教的贵不是房租、人员工资，而是专业与服务，这才是早教机构的核心竞争力。只有认识到教育也是服务行业，才能真正悟道，否则只能在门外徘徊。

　　要知道，家长认可我们，不仅因为上课老师的亲和力足够好，能够充分调动宝宝的积极性，还因为通过我们一系列的服务与指导，真正解决了家庭教育中的问题，孩子有了进步和变化。

　　很多投资人困惑，为什么课堂上的反馈挺好，可消课、续课和转介绍率就是上不来？这就说明我们课上提供的内容远远没有解决家长与孩子的问题。亲子课为什么需要家长陪伴，因为这个课程除了让孩子参与外，更多的是让家长体验。很多人忽略了这一点，只关注课程解读，没有与家长进行课后辅导与家庭延伸介绍。家长认为，只是让孩子开开心心地"玩"了一节课而已，没有续课的必要。

我们来看下国外的经验。20 世纪末，美国的教育学家发现高中毕业生成绩下滑以及所需能力的欠缺，于是将视野聚焦到婴幼儿教育领域，提出了"发展适宜性教育实践"——简称 DAP 教育。如今 DAP 教育已成为美国几乎所有托幼机构的教育实践指南，并受到世界各国幼教界的重视。

DAP 倡导尊重儿童自身发展规律，通过不断的适应性实践和完成挑战性目标发展成长。我们不要把 DAP 教育当作一种课程，或者一套行为准则。在 DAP 教育模式中，教师不仅是课程的执行者，而且是课程实施中的观察者和记录者。儿童的个体差异要通过教师细致入微的观察才能看到，而教师也会根据每个孩子的发育特点对课程内容的环节进行编排和设计，以帮助婴幼儿从现有水平出发朝下一个阶段的学习和兴趣方向前进。

这里的重点是教师身份的改变：从单纯的上课的人变成了孩子成长的观察人和记录人，还要与家长建立深度沟通，这是早幼教行业必须要做好的服务。

我们提供的课程是一种咨询服务，一种能够检验孩子发育特点的手段，也是一种帮助孩子获得一系列能力的手段。我们都希望家长多消课、多续课、多转介绍，帮助机构产生更多的经济效益，但是我们最终的目的是让家长感受到孩子获得了更好地成长，而且这种结果恰恰是课程以及咨询服务带来的。这就要求我们的服务是连贯性的、趋益性的，这也是每个家长报课的目的和期待。

有的孩子上了十几次课也没什么变化，虽然上课老师已经足够用心和专业，也关注到孩子的发育特点并进行了引导和调节，但没有碰触到孩子问题形成的根源——家庭环境。而家长又不自知，反过头来质疑机构的上课效果。这就是缺失了 45 分钟外的服务所导致的问题。

要想与家长建立长久的信赖感，让机构口碑经久不衰，绝不仅仅是一两套明星课程，一两个明星教师，就能做到的事，这要依靠整个机构服务意识的提升以及服务体系的搭建，这也是教育机构赖以生存的法门。我们是一个服务机构，做好服务才是我们最该干的事。

反思与作业：

1. 梳理目前机构中给客户提供的服务有哪些？客户对于服务的满意度如何？

2. 做一次客户服务满意调研，征询家长更希望机构提供哪些服务内容。并整理一份服务升级的方案。

2

多一点意料之外

　　生命中最难忘的消费体验，往往都在意料之外。意料之外的惊喜不仅让我们的人生充满色彩，也能让我们的事业得到更好的发展。比如，同样是一家连锁品牌下的机构，培训、课程、管理制度一模一样，有的门庭若市，有的却冷冷清清。为什么会有如此差别？抛开投资人格局能力均较强外，我们会发现两者在服务意识上有很大差别。做得好的机构不只完成了承诺的服务，还经常给客户意外的惊喜。而经营不善的机构，暂且不论额外的惊喜，连承诺的服务都会大打折扣。

　　为什么要给客户出乎意料的惊喜呢？这就涉及消费者的购买心理，大多数人不仅仅希望物有所值，更希望物超所值。

　　不断让消费者体验意料之外的服务惊喜，不仅仅满足了占便宜的心理，更重要的是建立了强烈的情感连接，这种意料之外的服务，让人与人之间更加有温度。

意料之外案例一——家长生日庆贺

很多机构都会统计孩子的生日，在出生月举办生日会，并在孩子生日当天发语音或打电话祝福。还有的中心准备了专门的生日礼包，甚至家长还可以选择定制的生日会项目。有的机构不只记录了孩子的生日，还录入了家长的生日。在家长生日的时候通过手写贺卡、微信文字或语音发去祝福，这让很多家长感到意料之外的惊喜。还有的机构无论是爸爸妈妈、爷爷奶奶还是姥姥姥爷的生日，都会一一备注，发送祝福，这让家长非常感动与惊喜。

意料之外案例二——关注并记住家长的无心之谈

有一个机构的顾问老师非常细心，家长有次无意谈到最近失眠很严重，细心的顾问悄悄记下来，整理了很多缓解失眠的小偏方，还收集了一些让人放松的冥想音乐，并亲手制作了一瓶薰衣草喷雾送给家长。家长收到这些的时候，特别惊喜与感动，这些不是顾问的本职工作，更不是制度要求的流程，却是机构服务意识的体现。当家长问顾问的时候，顾问告诉家长，这里是一个大家一起成长的家园，作为家人多关注一些是应该的，这也是我们机构的企业文化。

意料之外案例三——隔代老人的关爱行动

隔代教养在中国的家庭教育中十分普遍，而老人往往是在营销前期反对呼声最大的一个群体，他们大都认为早教没什么用。有一家机构的投资人很聪明，他在平时非常重视对老人的服务，例如，他会了解每个家庭中老人的性格特点、兴趣爱好与饮食偏好，经常做一些适合送给老人的小礼物，让孩子们送给老人。尤其是在家庭教养矛盾比较多的情况下，这家机构专门成立"隔代教养家委会"，让老人们担任一些职务，并分享自己的教育心得，通过参与让老人们更加重视孩子的教育。

意料之外案例四——朋友圈的意外关怀

在互联网时代，每个顾问、老师、投资人都会添加家长的微信。试问我们把家长的微信是当作一个发广告的工具，还是当作一个朋友在交往维护？比如家长在朋友圈晒一些问题、困惑的时候，我们是否及时关注，并提供建议。家长在朋友圈晒旅游出行，我们在点赞的同时，还可以推荐旅游地的美食攻略和带孩子去玩的一些注意事项。家长在朋友圈晒生病的时候，我们要私信问候。家长在朋友圈心情不好的时候，我们可以私信一首音乐表示关心。我们的服务是在不得不服务的时候再进行，还是在家长提出需要服务之前就已经进行了，甚至这些服务都不是合同内、制度内的，而是意料之外深入人心的。

意料之外案例五——成为对家长更有价值的教育平台

现在社会中，人与人之间最大的价值是资源。很多妈妈开始从全职太太逐渐从事微商、创业，不断地学习与成长。有些教育机构的老师不仅给孩子上课，还成为家长成长与学习路上的伙伴。有的机构在中心的活动宣传区，专门成立了妈妈创业格子铺，给微商、创业的妈妈们一个公开发布广告信息的位置。有的机构通过组织妈妈俱乐部，给创业的妈妈们进行初步的学习与成长培训。有的机构还设置了创业妈妈委员会，进行读书沙龙、读书分享等活动。这些机构把自己从一个简单的小机构，逐步变成家长交流与成长的资源性平台。这更是意料之外的服务。

意料之外的服务不是写在服务手册中、制度与流程中的，意料之外的服务需要整个团队有信念、有目标、有凝聚力。意料之外的服务不是自上而下的规定，而是自下而上的自发意愿与行为，更是团队成员工作主动性与创造力的体现。不过意料之外的前提是意料之中，先把服务手册中的每项基础服务做好，才能开始意料之外的服务，否则只能是把"惊喜"变成"惊吓"。

一定有投资人会说，我的员工做不到意料之外的服务怎么办，那就请反思自己的服务意识与管理水平，先从自己做起，让员工觉得你的管理有点意料之外的惊喜吧！老板服务员工，员工才能更好地服务客户，这就是服务行业的经典原理。

反思与作业：

1. 思考下自己机构是否给家长提供过意料之外的服务。

2. 策划一次对于隔代老人的意料之外服务的计划，并实施。

3

走心的团队做走心的事

　　曾经有位投资人找到我，希望我能够为她设计一份有关薪酬与绩效方面的制度。她认为目前员工的工作太流于表面，很多服务都没有做到位，她希望通过"完美的薪酬制度"让每个员工都能够自发地拼搏努力，更用心地服务所有的客户。

　　从业十几年来，我接触了形形色色的投资人，也遇到过各种风格的管理方式。凡是能够自主完成客户服务，甚至能够做到意料之外的机构，通常是一个走心的团队，而这样的团队是无法用一个具体的规章制度来成就的。哪怕制度可以细化到每一个员工几点几分去给客户发一个怎样的短信，依然无法监督每一个员工是否真正执行了。

　　什么是走心？做了对方觉得最意外，甚至细致入微到不可能的服务，就是一种走心。这不是一项工作技能、一种经营手段，而是真正站在人性的角度去理解、共情，将对方当成朋友而不是客户、员工。

　　我认识一个特别走心的早教团队，举个例子大家就明白了。当别的机构都在利用父亲节、母亲节搞促销的时候，他们会给所有的会员家长做一场仪式感满满的集体婚礼，给爸爸、妈妈和宝宝留下珍贵的回忆；

当别的机构选择重阳节送一张敬老卡的时候，他们选择做敬老活动，给爷爷奶奶策划舞蹈比赛，为每个家庭的隔代监护人提供简单易学的亲子游戏；当别的机构给每个宝宝建立文字档案时，他们却在创建影像资料库，一路见证宝宝的成长。

我看到这位投资人在管理团队时对每个人都很用心，正是这份用心，打造了一支走心的团队。

走心的第一要素是真诚

信任是关系的基石，从领导者开始，信任每个人、每个团队成员、每个客户，真诚地对待每个人。走心的目的是满足对方的需要，是不功利、不计较的付出。当我们想做一件事情的时候，只享受付出的那份快乐，不去等待任何的回报，因为分享本就是快乐的。当然，走心的分享不是强求，而是从心出发的自愿。我们不能要求员工走心，而是用自己的走心去影响他们。

保持一颗持续学习、终身成长的心

想要打造走心的团队，就要保持一颗持续学习、终身成长的心。带动团队学习，关注每个成员成长，哪怕直面痛苦的成长，也是一种价值。在相互帮扶、相互影响和相互成就的环境下，人与人的关系就会越来越近。

敢于担当

很多投资人都说对员工好，可出了问题又只是抱怨，不敢担当责任。一个走心的团队必有一个有担当的领导者，这会让团队的成员有安全感。

抱怨和指责只会让员工产生对抗的情绪，一个充满对抗情绪的团队，做任何事情都是勉强，何谈走心。

陪伴每个人勇往直前

一个走心的团队领导者必须有一种精神，就是有一种陪伴着每个成员勇往直前的执着，甚至是执念。当员工有苦恼的时候，领导者要学会智慧应对，要让对方知道，熬过去了就是五彩斑斓的人生。

要有不怕分离的勇气

很多投资人不愿意跟员工走心，怕沟通太深，分离的时候会更加受挫和伤心。分分合合是世间常态，只有放下这份恐惧，双方才能打开心扉，沟通才能没有障碍。如果能有机会帮助对方成为更好的自己，即使分离，也是修行的功德。

奖罚也可以很走心

现在的职场大都以年轻人为主，传统的绩效激励已经越来越无法打动他们，一些有趣的奖罚游戏，反而能够激发年轻人的斗志。奖励不一定都是事先约定，可以制造一些惊喜，比如以员工的名义偷偷给妈妈送一条丝巾，给妈妈寄过去。惩罚也是如此，比如一周只能吃减脂餐、义务买一本书给大家培训……这些都属于"收益性处罚"，不会引起被惩罚者的恐惧或怨恨。作为管理者，只要用心，就能创造出特别多有趣的方法。

听完这些，这位想要"完美制度"的投资人转变了策略，她学着与员工打成一片，亲自带队做"服务PK大赛"，还帮助教学主管做培训，园所的整体服务水平获得了显著提升。几个月后，她就收到了很多家长的好评与感谢信。

"我愿意把孩子交给你们，因为你们是一家真正走心的教育机构。"

反思与作业：

1. 团队之间的相处是否走心呢？

2. 对家长的服务是完成规定的任务还是真正走心？

4

搞清对象，让服务效果升级

　　李老师经营着一家早教机构，六年下来积累了很好的口碑。最近她又重新装修了店面，本以为引进了新的课程，今年的业绩会更上一层楼，却因为出现了几家新的竞争品牌，店里的业绩连续三个月未能达标，让李老师产生了强烈的危机感。

　　我很理解李老师的焦虑，于是安排咨询团队进行了调研。还没入店，仅仅两通电话就发现了一些端倪。从电话中我们发现李老师的团队有些高傲，对待客户也不是很热情。

　　当我问李老师是否有做课后延伸和个性化指导的时候，她说我们的服务对象是孩子，没有必要跟家长有太深入地沟通。调研的时候，稍稍多问一点教育周边的专业知识，例如孩子总是控制不好大小便怎么办，电话那边的回答就含含糊糊了。

　　经过一番沟通，李老师才明白，搞错了服务对象。她把主要精力放在店面和课程上，却忽略了家长这个重要的服务对象。

　　早教是一个非常特殊的行业，不仅为孩子上课，更为给家长上课。我们的课程和服务是针对整个家庭教养环境的，离开家长的参与和支持，效果就会大打折扣。

无论是托育还是幼儿园的管理者，都会遇到 5+2=0 的情况。就是 5 天学校教育帮孩子树立了好规矩、养成了好习惯，但周末在家 2 天又一下子回到了原点。如果我们只把目光放在孩子身上，没有将家庭教育融入学校教育，这种情况就会反复出现。

早幼教机构的服务对象除了孩子，还有父母、隔代代养人、保姆等其他代养人。

服务孩子方面

首先，需要给孩子提供系统、专业的课程，托育护理等。

其次，做好每个孩子的个性化发展指导档案，无论是课上观察与记录、课后辅导、定期一对一测评，都要更加有针对性地给孩子不同的服务。

最后，建立意外事件应急家庭处理预案的服务，当孩子在家庭中遇突发事件让家长手足无措时，老师就可以给予专业的指导。

服务家长方面

首先，建立日常家长沟通机制，做好课前内容沟通、课后辅导沟通、课上精彩照片集锦、定期家访、家校直通车、家庭教育问题解答等。

其次，将线上线下父母课堂常态化，利用线上的专家资源，线下可以由机构的园长、教师轮流进行，形式可以有沙龙、读书会、俱乐部等，还可以建立家长委员会，由家长组织进行。

然后，通过线上线下各种形式的训练营为家长服务，例如魔法家庭游戏、神奇数学、专家型父母、音乐专注力、体商全能训练、学习能力提升、非暴力沟通等。

最后，通过给家长提供各种丰富的活动，例如梦回童年、减肥俱乐部、演讲小组、夫妻真心话等，从而增加家校之间的黏合度与信赖感。

服务隔代代养人和保姆方面

首先，避开专业理论，用简单的形式告诉代养人如何与孩子互动。

其次，通过社群建立自己机构的"拼多多"，结合一些联盟商家，给老人们提供最优惠的日常用品的购买信息。甚至可以设置后勤组，由老人们担任一些活动的组织工作。

然后，根据老人群体的喜好，组织爷爷奶奶进行一些广场舞比赛、辅食秀、老年大学等。

最后，不要忽视保姆群体的重要性，如果机构内带孩子的阿姨比较多，还可以组织阿姨茶话会、家庭废旧物品改造游戏培训、阿姨才艺比拼等。

除了上述这些，爱心育儿图书馆、父母书吧、育儿专刊、手偶剧场、音乐读书会、跳蚤市场、二手格子铺等特色服务，都会加强家长与机构之间的连接。

李老师在明白自己的服务对象错置后，马上进行了内部整改和服务升级。几个月后，李老师团队的业绩就上来了，又找回了地区最佳幼教机构的辉煌。

反思与作业：

1. 梳理自己机构的服务内容，对象都是哪部分人呢？

2. 策划一项对机构保姆群体的服务内容，并尝试推行。

5

从信赖到成交的服务工具

作为教育机构，获取名单是最常规、最基础的销售方式。获取名单的方式很多：转介绍、异业合作、地推采单、网络营销、活动裂变、社群裂变等。获取名单后，就要进行细致的基础服务，让家长对机构有个初步观感认可，并逐步建立信赖感，最后实现成交（以及再成交）。

要想实现个性化的销售与服务，也是在完成一些基础的工作后进行的创新，并不是替代。系统整理教育机构销售与服务中的基本工具，可以给园所的工作提供一个基础的参考，即使在人员流动频繁的情况下，也能够保持稳定的运营状态。

从首次邀约到跟踪服务

首次沟通准备——名单基本信息、营销型测评表、客户信息记录表、常见问答、话术参考、地推小礼物、宣传资料等。

俗话说万事开头难，我们在最开始获取名单的时候一定要做好话术和心态的调试。老师在面对客户前一定准备好一份成熟的沟通话术，准备好上述相应的工具，会大大降低沟通的难度，提高成功率。标准版谈单话术参考资料包括自我介绍、乍见之欢、名单来源、定向沟通、园所介绍、邀约内容、活动介绍等相应内容，首次电话邀约尽量在一分钟内说完，每个部分一句话，简单精练即可。主要针对有基础交流的暖名单，异业交换的冷名单应当先转换为暖名单后再参考此种话术。

首次邀约还要准备线下地推话术，包括礼品派发、个人介绍、乍见之欢、闲聊切入、园所介绍、了解相关信息、加微信话术、后续沟通机会挖掘话术等。

后续跟踪服务准备——首次沟通记录、沟通内容准备、微信沟通话题、社群活动、活动邀约话术等。

所有销售60%的交易是在要求5次之后成交的，只有4%的人能够成交60%的生意。也就是根据一般销售的数据测算，与客户的邀约基本要在沟通5-8次后才会成交，教育行业在所有行业的销售中已经属于速度比较快的。但很多顾问还没有沟通这么多次就把名单放弃了。是否可以成为那4%的人，就看自己是否努力与坚持了。

因此建立对名单的回访跟踪服务非常重要。跟踪回访通常会有网络营销、电话再次沟通、社群活动、邀约进店试听等几种不同的情形，但无论何种情形，真诚、专业、系统都应该是让客户信赖的专业服务。

网络追踪要点

随着现在网络营销的兴起，网络营销具有特殊的优势，但也容易引发客户的反感而被拉入黑名单。网络追踪与服务客户需要注意以下几点：

第一，你必须让客户认同你这个人，不能引起他的反感，需要避免以下情况：不管不顾的群发广告、群发帮忙点赞信息、早上八点前和晚上十点后发信息等。

第二，要给家长一个期望值，让他觉得你不仅是在销售课程，也是真心实意帮助孩子成长。

第三，网络营销与电话销售都不是与客户面对面的，因此，要注意自己的心态、语气，你的恒心与正能量都会感染家长与孩子。

第四，注意朋友圈的维护技巧，至少开放半年的朋友圈，不能只刷广告，要发一些生活与工作的日常，打造有营养的朋友圈，才能让家长认可自己。

第五，发微信的时候首选文字，避免发很多条语音，让人很不愿意听下去。

从名单到信赖

以下几种小工具可以帮助我们完成从名单到信赖的转换。

亲子音乐、亲子绘本

跟家长初步建立联系后，我们提供亲子音乐、亲子绘本等资料的时候，一定不要随便发些内容就完事。这是建立沟通的第一步，我们先与家长沟通了解婴幼儿的发育特点，定制适合的亲子音乐、亲子绘本。

比如宝宝是 18 个月，名叫"琳琳"，我们在发送的时候一定要将压缩包（绘本 / 音乐）的名称改为"【×××早教中心】亲子音乐—×××—18m—琳琳"，然后发给家长。同时在与家长沟通的过程中，讲解绘本的阅读方法以及哪首音乐适合先听，哪首适合后听，哪首适合睡前听或玩耍的时候听，通过服务建立客户的信赖感。

线上父母微课

父母课堂是一种帮助家长真正了解教育观念、学习教育方法的工具。

专家父母微课学习前后，我们都可以跟家长进行点对点的沟通以及学习后的讨论，还可以组织相应的社群活动。在父母微课开始前与意向客户进行沟通，根据宝宝发育情况，推荐适合对方听的内容，同时鼓励家长提问与讲师互动。还要实时关注家长提出的问题，专家讲解完后，可以快速整理思维导图与家长分享，让家长感受到我们的关注和用心。

家庭亲子游戏推荐

家长获得亲子游戏并不难，书籍、抖音、公众号等自媒体都在推送各种家庭亲子游戏。如果我们想要与家长建立信赖感，就需要根据孩子的情况定制适合解决孩子问题的亲子游戏。比如语言发育有问题的孩子，就发一些口腔训练的小游戏；专注力不好的孩子，就发一些阅读、提高注意力的小游戏；平衡感不好的孩子，就发一些体能训练的小游戏；触觉敏感的孩子，就发一些触觉训练的小游戏。

2018年我创立"璟舒说"公众号，以纯公益的形式将孩子常见的问题、解决建议以及家庭游戏都写成了的文章，也把家庭亲子游戏整理成导航的形式，方便老师们查阅、调取、使用。

父母社群

不管以何种方式建立的社群，都要进行运营与维护。社群内的每一个家长，都应该有相应的人员进行跟踪与沟通。切不可只在社群内进行沟通，常规情况下每个月通过活动激活社群1—2次，提前做好预热宣传、参与沟通、项目执行、活动反馈、奖励发放等。让每个社群都爆发出最大的价值和活力。

线上测评量表

我们对孩子各方面能力的了解永远绕不开的就是测评。这个工具可以帮助我们快速掌握、客观了解孩子各方面能力，有助于我们在短时间内建立家长的信赖感。

从信赖到成交

工具——引流卡、各类活动、试听课、公开课、父母课堂、大堂课程、接待动线、测评等。

当家长对我们有信赖感之后，再邀请家长参加引流活动或者进店参观等自然就水到渠成。家长其实都不傻，当他愿意跟你沟通，并答应你参加活动和进店的时候，就意味着他开始接受你的销售和服务了。

关于引流卡尽量让家长无须考虑就可以直接购买，根据从众与占便宜的心理来设置具体的内容。金额不宜太高，500元以下的金额较为合适。其中设置课程、活动、服务、礼品等系列工具以及特色服务进行支撑。引流卡的目的是筛选客户、分析客户，不再盲目邀约进店，而用多种方式从信赖感引导到成交。

完成引流后，就要借助店内接待与服务的工具了。**进店接待动线是教育机构最重要的一项工具。**

教育机构接待进店通常是三种情形：主动进店咨询、活动邀约进店、试听课进店。

机构根据自己的特点设计一套进店接待动线是非常关键的，这也是每家机构新员工培训的核心内容。例如进店消毒、洗手、量体温、换鞋、登记基本信息、互加微信。

邀请家长进入后先介绍哪些教室，再介绍哪些教室，最后介绍哪些教室，什么时候介绍母婴室，什么时候介绍专家墙，有哪些展示的教具和讲解，哪里切入谈单，在什么位置谈单，由哪位老师上试听课等，这些都需要不断的演练。

在这个过程中，课程规划图、顾问手册、价格单、测评表、白纸、展示教具、客户见证、接待话术、提问话术、抗拒点话术、成交话术等基础工具都是必不可少的。

每家教育机构都必须准备好进店的相关动线，并尽量标准化。活动邀约与试听课邀约进店的接待流程在之前的基础上做一些简单的修改即可。

教育机构的特点是家长会不断地消课、续课，多次消费与成交。所以，在家长上课过程中我们也不要忘了做好服务，用一系列的服务工具以帮助我们实现"再成交"。

反思与作业：

1. 列举机构目前的服务与销售工具有哪些。

2. 找出目前机构最欠缺的工具，并进行整理与培训。

6

客户见证是最好的营销

不管什么时代，口碑都是最好的营销工具。对我们教培机构来说，老客户的见证就是最好的口碑效应。当新客户对课程的内容理解不清晰、对课程效果有所犹豫的情况下，老客户的有效见证，就是我们最好的"背书"。

教育行业的产品很抽象，很难具体化与量化，哪怕家长来听过试听课，都无法真正理解课程的环节设计、目标与教育意义，更多的就是觉得好玩而已，这也是很多家长犹豫的原因。这个时候利用"客户见证"就能很好地帮助家长消除疑虑。

客户见证一定要真实，这会极大影响机构信誉。即使是新开业的机构，也可以借助同行业的一些客户见证案例来辅助说明。这要比任何营销手段都有效。

如何整理客户见证

在整理客户见证的时候，可以综合多方面收集素材：

（1）教师的入学档案、课堂观察记录、个案分析记录与定期测评记录

对于家长来说，客户见证越具体、越细节、越有数据的支撑，就会越有说服力。每个孩子入学的时候，行政与教师一起为孩子建立一个入学档案，里面有孩子的课程频次记录、活动记录、家长调研反馈、教师对孩子的课堂观察记录、升班记录、针对孩子的个案分析与指导记录、定期测评的记录等。无论是早教、托育还是幼儿园，详细的档案记录不仅体现了机构的专业性，给老会员留下良好的印象，而且给新的会员提供了一个真实的教育反馈。

比如孩子阶段性的变化，会让家长清晰地看到孩子专注力提升的程度、社会交往能力改善的程度、体能运动的提高程度等。如果是托班，教师通过定期的评价与反馈，让家长全面了解孩子在园所的情况，也更客观地了解孩子整体发育情况。

对一些孩子的个案分析更加重要，这不仅是客户见证资料，更是品牌宣传的素材，可以在公众号文章、朋友圈、抖音视频中展示出来。

（2）利用教师评价体系收集真实家长反馈

并不是每一个客户都愿意将自己的真实感受表达出来，园所系统收集客户见证会比较困难。尤其对于新机构来讲，即使是客户满意度比较高，也没有那么多积累的素材可以使用。

可以利用教师评价体系收集一些真实的用户反馈，让每个家长都可以成为客户见证的一分子，同时也能够了解家长对于课程和老师的认可度与满意度，为整改与提高课程服务提供方向。教师评价方法在前文中讲过，这里将不再累述。

（3）日常照片、视频、好评的收集和整理

日常照片、视频、好评的收集和整理就显得尤为重要。我们的课程中会有很多展现力很强的环节、宝宝参与度很高的时刻、各类新颖的教具以及丰富多彩的活动。我们用照片或视频的方式记录下来，形成每个课程的见证档案，就能够在沟通的时候更加直观地让家长了解课程内容。这也会给家长一个心理暗示，我的孩子以后也会成为其中的一员，刺激家长报名的欲望与需求。

客户见证的分类收集

建议每家机构都建立一个客户见证档案，每个老师收集到的客户见证都可以整理到这个档案中。而对于收集资料的方法，可以根据客户见证类型进行分类设置，比如：

依照抗拒点进行分类——住的比较远的客户见证、觉得贵的客户见证、隔代教养的客户见证、全职妈妈的客户见证、职场女性的客户见证、爸爸不同意的客户见证等。

依照课程进行分类——感统课的客户见证、亲子课的客户见证、全脑课的客户见证、思维类课程的客户见证、音乐类课程的客户见证、英语课的客户见证、舞蹈课的课程见证、口才课的客户见证等。

依照年龄进行分类——"12个月以内宝宝"的客户见证、"12-15个月宝宝"的客户见证、"15-18个月宝宝"的客户见证、"3-6岁宝宝"的客户见证等。

客户见证的仪式感设计

客户见证是园所文化的体现，也是教育情怀的展示。在客户见证上融入满满的仪式感，会让会员更有归属感，让非会员感受到机构的优秀和浓浓的人文色彩。教育机构的大厅中可以设置一面家长见证墙，制作园所打 CALL 牌（为 ××× 机构打 CALL）。有新会员加入的时候，可以发入学通知书，和会员举牌一起为园所打 CALL，机构可以洗出照片，贴在见证墙上，日积月累就会形成一种有温度的品牌文化。见证墙还可以请家长用即时贴写上感受与评价，张贴活动的精彩瞬间，记录课上的留影，给每个升班、离校的孩子拍毕业照。

多媒体时代的客户见证

不同于以往任何时代的客户见证，如今客户见证的表现形式变得更为立体和丰富。我们拿到的文字、视频、图片都是客户见证的素材。除了家长咨询的时候可以展示给家长看，还要以多种渠道宣传客户见证，拓展机构品牌的影响力。

社群传播：社群是一个属于机构自己的阵地，也是客户见证最好的发酵平台，利用社群可以让没有和我们建立信赖感、不太熟悉的客户看到我们的优势和特点。而在社群传播这些客户见证需要一些技巧。我们通常是以活动的方式去收集以及发布客户见证，可以将客户见证的图片做成不同风格的短视频，在社群活动开始和运营过程中让家长去观看、体验。这样将客户见证作为介绍园所的一个环节，在社群传播的过程中不会显得过于生硬。

公众号传播：在自家公众号设置"家长如是说"栏目，就可以进行"客户见证"的传播。比如央视新闻曾对儿童感统失调的问题做过报道，我们就可以撰写一篇这样的公众号文章，用央视新闻的视频资料以及文字材料作为切入点，阐述儿童感统失调问题的客观事实，同时推荐可以调整与改善感统失调的相关课程，最后通过一些客户见证来进行佐证。热点话题和社会现象是很好的切入点，我们日常要多关注、收集与应用。

无论从哪个渠道和途径收集的客户见证，重要的是要真实，切不可夸大，更不可胡编。一切营销都要回归到原点，告别花哨，寻本求真，不忘初心。

反思与作业：

1. 收集与整理机构目前的客户见证素材，建立档案。
2. 通过客户见证找到机构需要整改的服务内容，制订调整计划。

7

职业素养与礼仪规范

很多人认为，早教老师、托班老师、民办幼儿园的老师都不是正式的教师。其实不然，早幼教面对的是 0-6 岁孩子的教育，是人生中最重要的一个阶段的教育。因此作为早幼教从业人员，更加要遵守教师的职业素养行为礼仪规范，给孩子一个美好的未来。

职业素养

作为一个早幼教的从业老师，应该具备的职业素养有哪些呢？

0-6 岁是孩子人生中最重要的一个阶段，因此作为早幼教从业者，必须要有高尚的品格，要有奉献精神，愿意从事造就人、培养人的事业。教育不仅关系到国家的振兴，也会改变一个家庭，这是一份十分崇高的事业，我们要有坚定的信念和强烈的责任感。

尽管我们是民营机构，业绩是我们首要的目标，但这并不意味着我们对待孩子和家长有太重的功利心，如果只想求财逐利，而不是喜欢教育，显然很难在这个行业立足。

在早教行业，喜欢孩子是搞好教学工作的前提。我们应以高尚的教育伦理、宽阔的胸怀，去爱孩子、去塑造孩子的人生。

每个老师都必须做到身教重于言教，以自己的言行举止和气质、性格潜移默化地影响孩子，在教学过程中，我们要保持情绪积极、稳定，塑造积极活跃的教学氛围，不能把自己的消极情绪带给孩子和家长。

我们面临的是一个"知识激增"的时代，新知识不断涌现，课程、教材也在不断更新，这些都促使教育工作者要勤于学习、广泛涉猎、兼收并蓄、终生成长。

教师的能力是早幼教机构的核心竞争力。作为一名教师，首先，要了解孩子的情况、家庭教养情况，只有这样教学才能做到有的放矢，取得预期的效果；其次，作为教师一定要不仅拥有足够的课堂表现力，还要有对课程简单创编的能力。

一个优秀的教育工作者，还应具有良好的心理素养。这是教师搞好教育工作的重要条件，也是培养学生成材的可靠保证，是在教师长期的教育实践中逐步培养和形成的。

以上就是一名优秀教师应该拥有的职业素养，也是成为一名优秀教师的前提。

礼仪规范

仪容仪表

过于鲜亮的服装不适宜在工作的时候穿，从投资人到园长、授课老师都应该衣着得体。色彩过于浓重会在教学过程中干扰孩子的注意力，让课堂效果大打折扣，所以每个老师都应遵守园所的仪容仪表规范。

为了有更好的精神面貌，每个老师必须在工作过程中保持面部干净，男老师不得留胡须和鬓角，女老师禁止染夸张的发色。

教师的身体如果有异味，既会干扰课程正常进行，又会让家长对老师的专业性、园所的管理产生怀疑。所以每个老师必须保持头发整洁，身体和口腔气味清新。女老师要保持淡妆，不可在公共场合或有家长在场的时候进行补妆。另外，尽量不要佩戴尖锐物品，包括耳坠、戒指和手链，以免划伤孩子。

接待礼仪

在面对家长的时候一定要面带微笑，首先表示问候。在称呼上不可过于随便，比如哥、姐等，可以以宝宝的名字作为称呼的基础。与客户距离较远（3 米以上）的时候，应主动点头示意。问候宝宝的时候，要先蹲下来，保持和宝宝同样的高度。

自我介绍的时候，应该先阐述自己的姓名和职务，然后告知对方自己的工作以及特点，一定要在两句话内完成自我介绍，介绍时间过长反而显得不够专业。

站坐行

站立时脊背挺直，抬头挺胸，收腹，一只手放于另一只手上方，自然下垂置于胸前，两腿绷直，脚跟并拢，双脚分开成 30 度。男老师可以右手握左手垂放于腹前，但需微微上提以方便挺开双肩。男女都可以采用背手式，目光平视，充满自信，心情愉快。

前台无客户时，应抬头挺胸端坐。有人来时，应及时起身迎接或招呼，有客户咨询时，应立即站立，并用柔和的眼光注视对方。起身离开座位时，动作轻缓，离位后要将座位轻推回原处，任何时候都不可仰靠椅背。

在行走的过程中，一定要目视前方，身体保持平衡，幅度不可过大，以直线方式行走。教学、服务区内避免并排行，禁止在教学中心内奔跑（紧急情况下除外）。

　　每家机构都应该有一套适合自己的礼仪标准，让每个员工都有迹可循、有章可循。有人会说，我们是小微企业，还需要这么注意礼仪规范吗？当然，一个孩子的礼仪都可以看出一个家庭的教养，而一个员工的礼仪就代表着整个机构的素养。热情的接待，规范的礼仪，得体的着装、言谈与妆容，这都是园所的名片。

反思与作业：
1. 你所在的机构中有礼仪规范吗？
2. 每日晨会自查全体工作人员礼仪是否符合标准。

8

标准是起点，不是终点

　　看到这个标题很多人会感觉奇怪，整本书都在讲如何建立完善的产品体系、营销体系与服务体系，到了最后一节却告诉我们标准化只是起点？

　　禅宗有个故事，大意是：过河时船是有用的，但过了河就要学会放下，否则，会变成我们的包袱。当我们不懂不会的时候，标准化就像船一样，我们需要用它"过河"。当标准化的规范成了我们的习惯之后，我们就无须再"负船"前行，因为真正的服务不在浮于表面，而是深入内心。

　　标准是起点，不是终点。如果我们只把完成规则、完成标准当作努力的目标的话，会发现缺少了走心的服务，取而代之的是敷衍了事而已。

　　作为投资者和管理者，我们要明白，标准属于技术规范，可以让园所的运转走上正轨。要想基业长青，我们要以感召的方式吸引更多具有相同内在动机的人。这也是近两年流行的管理理论"黄金圈法则"，我觉得尤其适合我们早幼教行业。

"黄金圈法则"是一种思维模式 [1]，它把人们的思考和认知画成了三个圈，最外层的是 What 圈层（做什么？），中间的是 How 圈层（怎么做？），最里面的是 Why 圈层（为什么这么做？）。

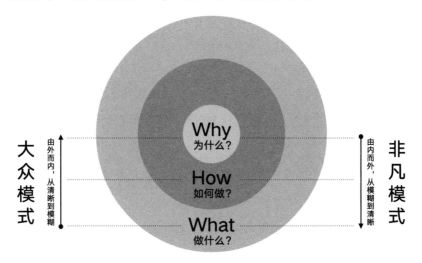

　　大多数时候，我们都先思考做什么、如何做、为什么这样做，遇到了困难才会反思。我想很多早幼教创业者都是这样莽莽撞撞入行的。好多人看着早教是个赚钱机会，就一头扎进来了，苦苦经营之后才发现钱不是那么好赚。

　　为什么会经营不善？因为开始进入这个行业的时候就没有想清楚，不知道自己为什么如此选择。

　　而现在我们把书读完了，让我们用"黄金圈法则"重新思考这个问题，一切逻辑会逐渐变得清晰。

　　在"黄金圈法则"中，先要思考 Why——为什么要从事早幼教行业，如果仅仅是为了赚钱，那可能真的无法得偿所愿。如果是因为喜欢孩子、

1 西蒙·斯涅克在他的《从"为什么"开始》一书中提出了"黄金圈法则"的概念。

喜欢分享、喜欢教育，那恭喜你，选择的行业没有错，以后也不用任何怀疑，这就是你的梦想和信念，要坚定不移地走下去。

接下来思考一下 How 层面，因为喜欢教育、喜欢孩子这个信念支撑你去实现梦想。每个阶段的孩子需要的教育是不同的，找一个切入点走入你想要的梦想中。有人选择早教，有人选择托育，有人选择幼儿园，有人选择英语、舞蹈、口才等教育培训。

选择后继续思考如何经营才能实现理想与信念，去实现 Why。根据 Why 制定企业文化、企业发展方向与目标、确定企业价值观，然后进一步确定实现目标需要什么人员架构，又需要多少会员实现收支平衡，需要多少营业额实现企业可持续发展，需要什么样的课程能够对孩子真正有益，需要做哪些服务内容来贯彻理念。

信念已确定、目标已明确，就会知道需要什么样的员工，也知道员工需要达到什么样的标准。最后剩下的只是去执行，What 层面甚至不用思考，因为一切已经水到渠成。

在经营的过程中，我们要时刻检验自己信念有没有变化，信念有没有转化为行动，信念有没有深入每个团队成员的内心。要让 Why、How、What 三个圈层均衡统一，换句话说，执行的所有策略都与黄金圈的中心是相互映衬、相互支持的。产品与服务要匹配计划、执行，而计划与执行又要匹配信念。企业文化、目标与信念就会成为整个机构处理事情的原则，这个信念就是"心"。当心在了，标准化就是围绕心而变、而动。每个人都会真正成为企业的主人，真正把企业当作自己成长的伙伴。

希望每个投资人都能够找到自己的"黄金圈法则"，希望每家早幼教机构都能够"从没有标准到梳理标准，再到超越标准"。任何一家教育机构生存与发展都不是一场营销活动能改变的，也不是修改几个制度就可以盘活的，更不是靠简单的股权改革就可以生存下去的，只有投资人真正用心经营，坚定信念和初心，才能打造出一支有战斗力的团队，最终走上可持续盈利与发展的健康经营之路。

教育是一种修行，成长是一种陪伴。让我们携手同行，一起相伴成长，遇见最好的自己和最好的教育事业。

还是那个追梦的年轻的心，

还是那个追梦的执着的心，

还是那个追梦的前行的心，

还是那个追梦的感恩的心，

还是那个追梦的……

从爱上教育开始，就从未想过离开，

无数的汗水与泪水凝结成璟舒的现在，

路，一步步走，

回顾这不到 1000 天的岁月中，

感恩每个人都给了我爱、关怀、鼓励与惊喜。

感谢我亲爱的儿子牛哥冥冥中助我踏上教育之路，

感谢璟舒教育现在每位伙伴以及未来加入的 N 位伙伴们对我的包容，

感谢璟舒教育大家庭中每位家庭对我们的无条件支持，

而最最感谢的是你们，

我最亲爱的读者与老师们，

是你们成就了璟舒教育的现在，而我们将一同携手，

用专业的心、专业的知识、专业的技能成就教育事业与梦想！！！

谢谢你们，我爱你们！

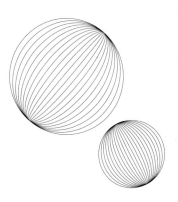